职业教育物流类专业系列教材

运输实务

主　编　宁铁娜
副主编　赵　雁　张群艳
参　编　穆　辰　孙明贺　李明玉　朱燕萍

机械工业出版社
CHINA MACHINE PRESS

本书为全国物流职业教育教学指导委员会"基于新专业标准的物流类专业教材建设"专项课题研究成果教材。

"运输实务"是物流类专业的核心课程，在物流服务与管理专业教学中具有举足轻重的地位。本书主要包括运输的基本知识及公路运输、铁路运输、水路运输、航空运输、特种货物运输等相关内容。本书以党的二十大精神为引领，坚持立德树人的育人理念，体现"五育并举"，结合当前物流运输行业发展，通过典型工作任务背景引入知识要点、能力要点、素养要点，强调课程思政的引领，注重理论知识、专业技能与德育素养"三元"同育。

本书立足职业教育数字化转型发展，教学资源丰富，符合时代要求，贴合企业实际，突出职业教育特点，适用于中等职业学校物流服务与管理专业教学，对物流从业人员自学及岗位培训也具有指导作用。

图书在版编目（CIP）数据

运输实务 / 宁铁娜主编. -- 北京：机械工业出版社，2025.6. -- （职业教育物流类专业系列教材）.
ISBN 978-7-111-78495-1
I. U
中国国家版本馆 CIP 数据核字第 2025PF8173 号

机械工业出版社（北京市百万庄大街22号 邮政编码100037）
策划编辑：宋　华　胡延斌　　责任编辑：宋　华　胡延斌　何　洋
责任校对：龚思文　陈　越　　封面设计：王　旭
责任印制：任维东
河北宝昌佳彩印刷有限公司印刷
2025年 7月第1版第1次印刷
210mm×285mm · 12.5 印张 · 245 千字
标准书号：ISBN 978-7-111-78495-1
定价：45.00元

电话服务　　　　　　　　　　　　　网络服务
客服电话：010-88361066　　　机　工　官　网：www.cmpbook.com
　　　　　010-88379833　　　机　工　官　博：weibo.com/cmp1952
　　　　　010-68326294　　　金　书　网：www.golden-book.com
封底无防伪标均为盗版　　　机工教育服务网：www.cmpedu.com

本书在编写过程中始终坚持以习近平新时代中国特色社会主义思想为指导，以党的二十大精神为指引，深入贯彻全国职业教育大会精神和《深化新时代教育评价改革总体方案》要求，扎实落实立德树人根本任务。在深入了解物流运输岗位及相关职责、运输新技术、新设备、新标准及物流技能大赛、1+X 物流技能取证相关内容后，对本书内容进行构建，将"岗、课、赛、证、评"有机融入其中，解决运输基本知识在物流运输企业领域中的应用、公路运输流程在中职物流技能大赛中的运用、运输过程中劳动教育和职业素养的有机融入、甩挂运输和网络货运作业在物流职业等级认证中的知识融入等问题。

运输是物流的首要功能要素之一，"运输实务"是物流服务与管理专业必修的一门核心课程。本书采用模块任务形式，以职业典型工作过程为依据，通过任务背景引导学生进行体验式学习，培养学生自主探究的学习能力。本书的主要特色有：①坚持立德树人，将党的二十大精神、劳动精神、工匠精神及职业素养等融入其中，实现育才与育人、技能与德行、课程思政与素养教育的同向同行。②从企业实际出发，以任务为导向，让学生做中学、做中训。③服务 1+X，书证融通。本书融入了物流管理职业技能等级初级取证中运输相关知识，对中职 1+X 物流技能取证具有一定的指导作用。④立足全国职业院校技能大赛中职智慧物流作业赛项，将大赛相关内容融入其中，实现"以赛促教、以赛促学、学赛结合"的目标。⑤教学内容与时俱进、配套资源丰富多元，体现了新技术、新技能的创新应用。

本书紧跟当前物流运输行业发展的步伐，坚持与时俱进，切实从企业实际需要的角度出发，探索智慧型物流运输人才的培养路径，积极对标职业标准和新课标要求，合理构建教材体系，对培养敢闯敢干，具有创新思维的大国工匠、能工巧匠，高质量、高素质的复合型技术技能人才有着重要的意义。

本书由天津市物资贸易学校宁铁娜老师担任主编，天津市物资贸易学校赵雁老师、北京络捷斯特科技发展股份有限公司张群艳教学总监担任副主编，天津市物资贸易学校穆辰老师、河北经济管理学校孙明贺老师、河南对外经济贸易职业学院李明玉老师、佛山市南海区信息技术学校朱燕萍老师参编。本书已取得北京络捷斯特科技发展股份有限公司的软件使用许可和动画视频使用许可。

因编者水平有限，书中难免存在错漏之处，敬请读者指正。

编 者

二维码索引

名称	图形	页码	名称	图形	页码
1．公路运输的认知		020	6．水路运输的认知		100
2．公路运单系统操作		034	7．船舶管理员的一天		115
3．调度及发运系统操作		040	8．水路货物运输费用计算		125
4．零担货物运输运费计算		051	9．航空运输的认知		128
5．铁路运输的认知		062	10．如何进行车辆油耗管理		189

目录

前言

二维码索引

模块一　走进运输

| 任务一　认识运输 | 002 |
| 任务二　运输基本业务 | 008 |

模块二　公路运输

任务一　公路运输认知	020
任务二　公路运输业务运作	025
任务三　公路货物运单填制	041
任务四　公路货物运费核算	050

模块三　铁路运输

任务一　铁路运输认知	062
任务二　铁路运输业务运作	070
任务三　铁路运输单证填制	080
任务四　铁路货物运费核算	088

模块四　水路运输

任务一　水路运输认知	100
任务二　水路运输业务运作	105
任务三　水路货物运单填制	115
任务四　水路货物运费核算	121

模块五　航空运输

任务一　航空运输认知	128
任务二　航空运输业务运作	135
任务三　航空货物运单填制	141
任务四　航空货物运费核算	146

模块六　特种货物运输

任务一　特种货物运输认知	154
任务二　多式联运与集装箱运输	165
任务三　甩挂运输与网络货运作业	174
任务四　绿色物流运输	184

参考文献　　194

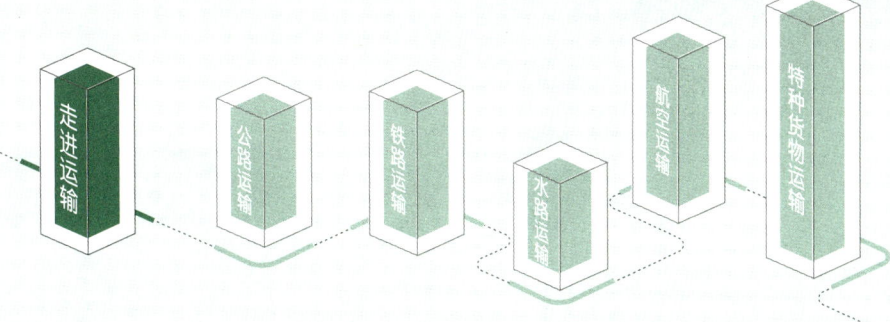

模块一
走进运输

> **知识导图**

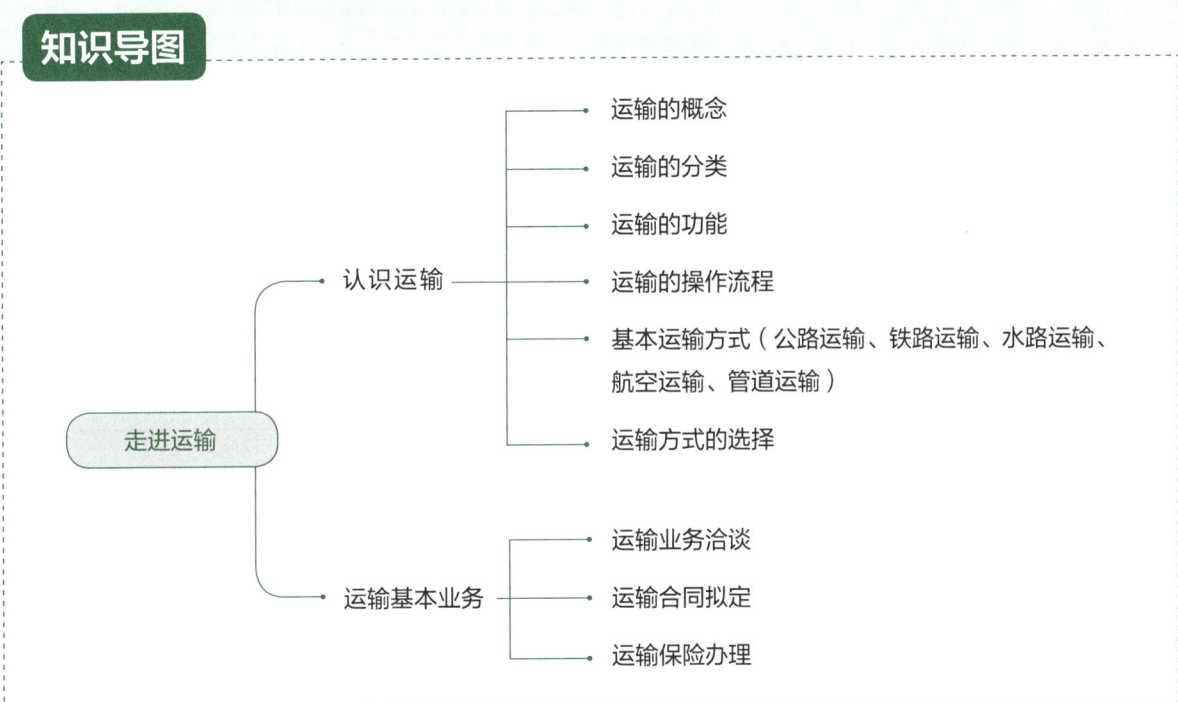

> **模块简介**

建设交通强国是以习近平同志为核心的党中央做出的重大战略决策，是新时代做好交通运输工作的总抓手。运输是物流活动的核心，是物流的主要功能要素之一。运输活动将物流系统中的各个环节有机地结合在一起，从而得以实现物流目标，促进国家经济发展。学习运输相关知识、掌握运输流程、熟悉运输合同内容及相关保险条款，可以更好地实现运输作业。

任务一　认识运输

任务背景

好盟物流运输有限公司（简称好盟公司）位于天津市河东区先锋路中段。该公司以华南、华北、华东、西南、华中为主干线，以诚信、务实、专业为宗旨，以公路、铁路、水路、航空、管道等多种运输形式服务于客户；全面开拓全国各地的整车、零担业务，做到天天发车、准点发车、准点到达，保证低价，全程高速、安全、快速，送货及时；航空运输业务网点遍及全国主要城市，有直航线路几十条，保证做到快速、及时。

2023年9月，从天津某职业学校物流专业毕业的张蓝，在经过层层筛选后被好盟公司录取。部门主管李琦负责对新员工进行岗前培训，正好当天早上公司收到几条运输信息（见表1-1），李琦将其发给张蓝等人，要求他们根据自己对运输方式的认识，分析一下采用哪种运输方式最适宜。

表1-1　运输信息

序号	信息内容
1	把一批贵金属从天津运到北京，要求1日内到达
2	把30 t煤炭从天津运到山东，要求3日内到达
3	把一批新鲜蔬菜从郊区运到市区，要求1日内到达
4	把一批钢材从天津运到厦门，要求5日内到达
5	把一批石油从天津运到新疆，要求5日内到达

张蓝应怎样完成任务呢？

学习目标

知识目标

1. 熟悉物流运输的概念。
2. 掌握物流运输的功能。
3. 掌握5种运输方式的特点和应用。

能力目标

1. 能够画出运输的操作流程图，构建5种运输方式对比思维导图。

2. 能够对比5种运输方式的优缺点。
3. 能够根据具体情况选择合适的运输方式。

素养目标

1. 培养家国情怀，树立民族自豪感。
2. 培养自主探究的学习能力和沟通协作的团队精神。
3. 培养安全意识和良好的职业行为规范。

知识储备

一、运输的概念

运输是人或者物借助运力创造空间效用和时间效用的活动。当产品从一个地方转移到另一个地方而价值增加时，运输就创造了空间效用；时间效用则是指这种服务在需要的时候发生。运力是指由运输设施、路线、设备、工具和人力组成的，具有从事运输活动能力的系统。GB/T 18354—2021《物流术语》中对运输的定义是"利用载运工具、设施设备及人力等运力资源，使货物在较大空间上产生位置移动的活动"。

> **小故事**
>
> "茶马古道"开辟贸易往来新天地
>
> 在我国物资往来的历史上有着这样一条道路，它的存在使中国与其他国家有了越来越紧密的贸易交流，它就是"茶马古道"。茶马古道源于古代西南边疆的茶马互市，它是一条以马帮为主要运输工具的商品贸易通道，兴于唐宋，盛于明清，是中国西南民族经济文化交流的走廊。古时候，在这条道路上的往来运输都是由马帮采用人背畜驮的方式，历经千辛万苦完成的。千百年来，无数马帮人在这条古道上默默穿行，凭借其智慧和勇敢，用心血和汗水铺就了一条又一条沿着这条古道前行的生存之路。抗日战争时期，日军封锁了进入中国的国际商贸路线，此时，处于大西南后方的茶马古道成为当时运输国际援华物资的一条"生命线"，为处于危难之际的中华民族带来了希望和勇气。茶马古道为人们带来的不只是贸易往来，更是一种民族精神象征。2018年12月，"成雅铁路"开通，宣告千年茶马古道正式接入现代化快速铁路。这一举措缩短了这条民族走廊互通贸易与文化的距离，促进了民族间的和谐共荣。

二、运输的分类

运输的分类见表1-2。

表1-2 运输的分类

类别	具体分类
按运输的范畴分类	干线运输、支线运输、二次运输、厂内运输
按运输的作用分类	集货运输、配送运输
按运输的协作程度分类	一般运输、联合运输
按运输中途是否换载分类	直达运输、中转运输
按运输设备及运输工具分类	公路运输、铁路运输、水路运输、航空运输、管道运输

三、运输的功能

运输的功能见表1-3。

表1-3 运输的功能

运输的功能	功能介绍
产品转移	通过改变产品的地点与位置,消除产品生产与消费之间空间位置上的背离,或将产品从效用价值低的地方转移到价值高的地方,创造产品的空间效用
产品储存	在货物处于转移中,运输目的发生变化,或起始地、目的地仓库储存能力有限的情况下,具有临时的储存功能

四、运输的操作流程

运输的操作流程如图1-1所示。

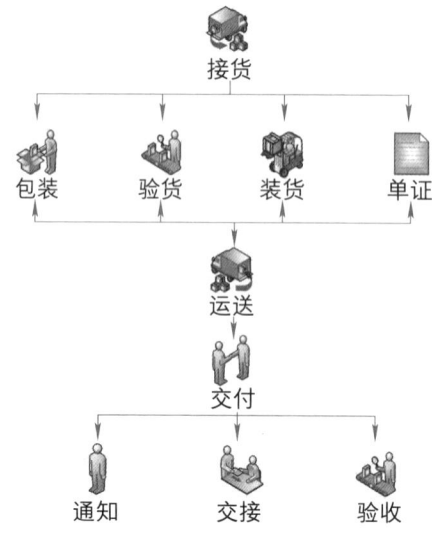

图1-1 运输的操作流程

五、基本运输方式

1. 公路运输

公路运输（见图1-2）是指主要使用汽车，也使用其他车辆（如人、畜力车）在公路上进行货物运输的一种方式。公路运输主要承担近距离、小批量的货运，水路、铁路运输难以到达地区的长途、大批量货运，以及水路、铁路优势难以发挥的短途运输。

2. 铁路运输

铁路运输（见图1-3）是指使用铁路列车运送货物的一种运输方式。铁路运输主要承担长距离、大批量的货运。在没有水运条件的地区，几乎所有大批量货物都是依靠铁路运输来完成的。

图1-2　公路运输

图1-3　铁路运输

3. 水路运输

水路运输（见图1-4）是指使用船舶运送货物的一种运输方式。水运主要承担大批量、长距离的运输，是在干线运输中起主力作用的运输方式。水路运输有沿海、近海、远洋、内河四种运输形式。

4. 航空运输

航空运输（见图1-5）是指使用飞机或其他航空器运送货物的一种运输方式。它主要适合运载两类货物：一是价值高、运费承担能力很强的货物；二是紧急需要的物资。航空运输主要有班机、包机、集中托运三种运输形式。

图1-4　水路运输

图1-5　航空运输

5. 管道运输

管道运输（见图1-6）是指利用管道输送气体、液体和固体料浆的一种运输方式。

a)　　　　　　　　　　　　　　　　b)

图1-6　管道运输

> **? 想一想**
>
> 通过学习，请比较5种运输方式的特点，并列举5种运输方式分别适用的货物，完成表1-4中的内容。
>
> 表1-4　5种运输方式的对比
>
> | 比较项目 | 公路运输 | 铁路运输 | 水路运输 | 航空运输 | 管道运输 |
> |---|---|---|---|---|---|
> | 运输效率 | | | | | |
> | 运输成本 | | | | | |
> | 运输能力 | | | | | |
> | 运输距离 | | | | | |
> | 适用的货物 | | | | | |

六、运输方式的选择

决定运输方式，可以在考虑具体条件的基础上，对下述5个具体项目认真研究考虑，见表1-5。

表1-5　运输方式的选择需考虑项目

考虑项目	决定依据
货物品种	关于货物品种及性质、形状，应在包装项目中加以说明，选择适合这些货物特性和形状的运输方式，对运费的负担能力也要认真考虑
运输期限	运输的快慢顺序一般情况下从快到慢依次为航空运输、公路运输、铁路运输、水路运输
运输成本	在考虑运输成本时，须注意运费与其他物流子系统之间存在着互为利弊的关系，不能只以运输费用来决定运输方式，而要由全部总成本来决定

（续）

考虑项目	决定依据
运输距离	300km以内，采用公路运输；300～500km区间，采用铁路运输；500km以上，采用水路运输。一般采取这样的选择是比较经济合理的
运输批量	一般来说，20t以下的商品采用公路运输；20t以上的商品采用铁路运输；数百吨原材料之类的商品应选择水路运输

任务实践活动

请以小组为单位，3～5人一组，按照步骤要求帮助张蓝完成任务。

步骤一：对比分析5种运输方式的优缺点。

请根据所学知识，进行小组讨论，对5种运输方式的优缺点进行对比分析，并完成表1-6中的内容。

表1-6　5种运输方式的优缺点

方式	优点	缺点
公路运输		
铁路运输		
水路运输		
航空运输		
管道运输		

步骤二：选择运输方式。

请小组成员根据这5种运输方式的优缺点，结合选择运输方式需考虑的因素，除了管道运输具有特定的运输对象外，绘制其他几种运输方式选择的思维导图。

步骤三：请小组成员共同完成表1-7中的内容。

表1-7　运输方式选择结果

信息	运输方式	理由
一批贵金属从天津运到北京，要求1日内到达		
30 t煤炭从天津运到山东，要求3日内到达		
一批新鲜蔬菜从郊区运到市区，要求1日内到达		
一批钢材从天津运到厦门，要求5日内到达		
一批石油从天津运往新疆，要求5日内到达		

任务评价

姓名		学号		专业		
活动名称			认识运输			
考核内容		考核标准	参考分值	学生自评	小组互评	教师评价	考核得分
素养评价	1	具有良好的沟通能力和团队合作精神	5				
	2	具有自主探究学习和总结分析的职业素养	5				
	3	具有家国情怀和民族自豪感	10				
知识评价	4	熟悉物流运输的概念	10				
	5	掌握运输的功能	10				
	6	掌握5种运输方式的特点和应用	10				
技能评价	7	能够画出运输的操作流程图，构建5种运输方式对比思维导图	15				
	8	能够对比5种运输方式的优缺点	15				
	9	能够根据具体情况选择合适的运输方式	20				
		总分	100				

内化与提升

请谈一谈你对运输的认识，并举例说明我国运输业的发展现状。

任务二　运输基本业务

任务背景

2023年9月11日，好盟公司部门主管李琦早上收到天津家乐园电子玩具制造公司的运输请求（运输通知单如图1-7所示）。天津家乐园电子玩具制造公司是好盟公司首次合作的客户，该公司玩具畅销，深受消费者喜爱，每天出货量大，是一个很有潜力的客户。好盟公司准备与该公司签订长期运输合同。为了降低公司的风险，好盟公司还将为该公司运输货物办理保险业务。李琦让张蓝等人模拟完成运输业务洽谈，合同的拟定、签约，以及运输保险业务的办理。

运输通知单

To：好盟物流运输有限公司
我公司有一批电子玩具每隔3天从天津工厂发往上海，具体信息见下表：

序号	商品名称	数量	单位	重量/kg	体积/m³	到货日期
1	直升机	300	箱	1020	2580	2023-9-11
2	遥控汽车	400	箱	1123	2895	2023-9-11
3	玩具坦克	200	箱	826	2220	2023-9-11
收货单位		上海大田国际玩具中心				
收货地址		上海黄兴路89号　邮编201000				
联系人		陈×				
电话		021-3451××××，1381154××××，传真021-1230××××				

急需发运！收到请回复！

From：天津家乐园电子玩具制造公司　赵进满
022-8458××××　1378273××××
天津市红旗街43号附近
邮编300000
传真022-1555××××

图1-7　运输通知单

张蓝等人应如何模拟完成这些业务呢？

学习目标

知识目标

1. 熟悉运输业务洽谈、运输合同、运输保险的概念。
2. 掌握运输洽谈的内容要点。
3. 掌握托运人、承运人、收货人的权利和义务。
4. 掌握运输保险的保险责任。

能力目标

1. 能够进行运输业务洽谈，拟订运输合同。
2. 能够办理运输保险。

素养目标

1. 培养自主探究的学习能力和勤于思考的乐学精神。
2. 培养风险意识、责任意识和法律意识。
3. 培养沟通协作能力和团队合作精神。

 知识储备

本任务中所介绍的运输基本业务是为保证运输操作顺利实施而必需的运输业务活动,是运输作业的前提与依据,主要包括运输业务洽谈、运输合同拟定、运输保险办理。

一、运输业务洽谈

业务洽谈主要是指企业的业务、采购、销售等营销人员与合作单位代表就商品采购、商品销售或提供、接受服务等业务进行商谈的活动。

运输业务洽谈是指双方(托运人和承运人)在进行货物运输业务时进行的商务谈判和协商。在运输业务洽谈中,双方将商讨以下内容:

(1)运输方式:商讨适合货物的运输方式,如公路运输、铁路运输、航空运输或水路运输等。

(2)运输费用:商讨货物的运输费用,包括基础运费、附加费用(如装卸费、保险费等)以及付款方式和结算方式等。

(3)运输时间:商讨货物的运输时间要求,包括起运时间、到达时间和交货时间等。

(4)运输责任:商讨运输过程中的责任分配,包括货物的保护、损坏和丢失的责任以及相应的赔偿方式。

(5)运输保险:商讨货物是否需要购买运输保险以及保险金额和保险费用等。

(6)合同条款:商讨和确定运输合同的具体条款,包括双方的权利和义务、违约责任、争议解决等。

在运输业务洽谈中,双方应该充分沟通和协商,确保双方的利益得到保护,货物能够安全、准时地运输到目的地。同时,双方也可以根据具体情况进行灵活的谈判,以达成双方满意的合作协议。

二、运输合同拟定

完成运输业务洽谈,即可进入运输合同拟定、签约环节。

1. 运输合同的概念

运输合同（见图1-8）是承运人将旅客或者货物从起运地点运输到约定地点，由旅客、托运人或者收货人支付票款或者运输费用的合同。根据运输方式的不同，运输合同可分为铁路运输合同、公路运输合同、水路运输合同、航空运输合同和联合运输合同5种。

日期：年月日			**货物运输合同书**				
托运单位				收货单位			
地　址				地　址			
联系人		电话		联系人		电话	
货物名称	件数	重量（t）	体积（V）	托运价值	保险费	托运日期	
						到货日期	
						收货单位签章	
全程运费总计				运费计算方式			
承运单位				装货地址			
有关证件				卸货地址			
特约事项	1. 托运方必须按以上事项，如实核准，如有虚报，在全程运输途中如有意外责任自负。 2. 承运方在确定运输事项后，在运输途中如有失误，造成货物破损、受潮、缺件等均由承运方负责，承运方不开拆检验，如运到目的地包装完好，承运方不负内容责任。 3. 承运方必须按托运方要求按时抵达目的地并办好交接手续。						
备注：			承运方签名： 日期：			托运方签名： 日期：	

第一联托运方（白）　第二联承运方（蓝）

图1-8　运输合同

> **❓想一想**
>
> 货物运输合同应包括哪些主要内容？

2. 托运人、承运人、收货人的权利和义务

托运人、承运人、收货人的权利和义务见表1-8。

表1-8　托运人、承运人、收货人的权利和义务

	权利	义务
托运人	在承运人将货物交付收货人之前，托运人可以请求承运人终止运输、返还货物、变更到达地址或者将货物交给其他收货人	办理货物运输，一般应当向承运人准确表明各项内容；货物运输需要办理审批、检验等手续的，应当将办理完相关手续的文件提交承运人；应当按照约定的方式包装货物；托运危险品的，应当按照国家有关规定妥善包装，做出危险品标志和标签，并将有关危险品名称、性质和防范措施的书面材料提交承运人

（续）

	权利	义务
承运人	对托运人违反约定的包装方式包装货物的，可以拒绝运输；对托运人或收货人未支付费用、保管费以及其他运输费用的，对相应的运输货物享有留置权，但当事人另有约定的除外；对收货人不明或者收货人拒绝收领货物的，应当及时通知托运人并请求其在合理期限内对货物的处置做出指示	货物运输到达后，应当及时通知收货人；对运输过程中，除不可抗力、货物本身的自然性质或者合理损耗，以及托运人、收货人的过错造成损失毁损、丢失承担损害赔偿责任；数个承运人以同一运输方式联运的，与托运人订立合同的承运人应当对全程运输承担责任；损失发生在某一运输区段的，各承运人承担连带责任。货物在运输中因不可抗力丢失，未收取运费的，承运人不得请求支付运费；已收取运费的，托运人可以要求返还
收货人	收货人请求承运人赔偿损失的权利自提货之日起6个月内行使	收货人应当及时提货，并应当向承运人出示提货凭证，并支付托运人未付或者少付的费用及其他费用；收货人逾期提货还应当向承运人支付保管费等费用；收货人提货时应当按照约定的期限检验货物

三、运输保险办理

1. 运输保险的概念

运输保险是以运输过程中的各种货物作为保险标的的保险，旨在为货物在运输过程中可能遭受的损失或损坏提供保障。运输保险包括铁路货物运输保险、水路货物运输保险、航空货物运输保险、公路货物运输保险。

2. 运输保险的保险责任

以铁路运输为例，运输保险的保险责任见表1-9。

表1-9 铁路货物运输保险的保险责任

类别	保险责任
基本险	由于下列保险事故造成保险货物的损失和费用，保险人依照条款约定负责赔偿：①火灾、爆炸、雷电、冰雹、暴风、暴雨、洪水、海啸、地陷、崖崩、突发性滑坡、泥石流；②由于运输工具发生碰撞、出轨或桥梁、隧道、码头坍塌；③在装货、卸货或转载时因意外事故造成的损失；④在发生上述灾害、事故时，因施救或保护货物而造成货物的损失及所支付的直接合理的费用
综合险	本保险除包括基本险责任外，保险人还负责赔偿：①因受震动、碰撞、挤压而造成货物破碎、弯曲、凹瘪、折断、开裂的损失；②因包装破裂致使货物散失的损失；③液体货物因受震动、碰撞或挤压力致使所用容器（包括封口）损坏而渗漏的损失，或用液体保藏的货物因液体渗漏而造成保藏的货物腐烂变质的损失；④遭受盗窃的损失；⑤因外来原因致使提货不着的损失；⑥符合安全运输规定而遭受雨淋所致的损失
责任免除	由于下列原因造成保险货物的损失，保险人不承担赔偿责任：①战争、军事行动、扣押、罢工、哄抢和暴动；②地震造成的损失；③核反应、核子辐射和放射性污染造成的损失；④保险货物自然损耗、本质缺陷、特性所引起的污染、变质、损坏以及货物包装不善；⑤在保险责任开始前，保险货物已存在的品质不良或数量短差所造成的损失；⑥市价跌落、运输延迟所引起的损失；⑦属于发货人责任引起的损失；⑧投保人或被保险人的故意行为或违法犯罪行为造成的损失；⑨由于行政行为或执法行为所致的损失；⑩其他不属于保险责任范围内的损失

3. 运输保险业务运作流程

运输保险业务运作流程如图1-9所示。

图1-9 运输保险业务运作流程

4．运输险投保单

国内货物运输险投保单是货运企业向保险公司对运输货物进行投保的申请书，也是保险公司据以出立保险单的凭证。保险公司在收到投保单后即缮制保险单。

投保单是投保人的书面要约。投保单经投保人据实填写交付给保险人，就成为投保人表示愿意与保险人订立保险合同的书面要约，如图1-10所示。

```
        中国平安保险股份有限公司
     PING AN INSURANCE COMPANY OF CHINA, LTD.
No.1000005959      货 物 运 输 保 险 单
              CARGO TRANPORTATION INSURANCE POLICY
被保险人：Insured
```

中国平安保险股份有限公司根据被保险人的要求及其所交付约定的保险费，按照本保险单背面所载条款与下列条款，承保下述货物运输保险，特立本保险单。

This Policy of Insurance witnesses that PING AN INSURANCE COMPANY OF CHINA,LTD., at the request of the Insured and in consideration of the agreed premium paid by the Insured, undertakes to insure the under mentioned goods in transportation subject to the conditions of Policy as per the clauses printed overleaf and other special clauses attached hereon.

保单号 Policy No.	赔款偿付地点 Claim Payable at
发票或提单号 Invoice No. or B/L No.	
运输工具 Per conveyance S.S.	查勘代理人 Survey by
起运日期 Slg. on or abt.	自 From
	至 To
保险金额 Amount Insured	
保险货物项目、标记、数量及包装 Description, Marks, Quantity & Packing of Goods	承保条件 Conditions
签单日期 Date	For and on behalf of PING AN INSURANCE COMPANY OF CHINA, LTD. authorized signature

图1-10 投保单样式

5. 一般保险理赔业务流程

一般保险理赔业务流程如图1-11所示。

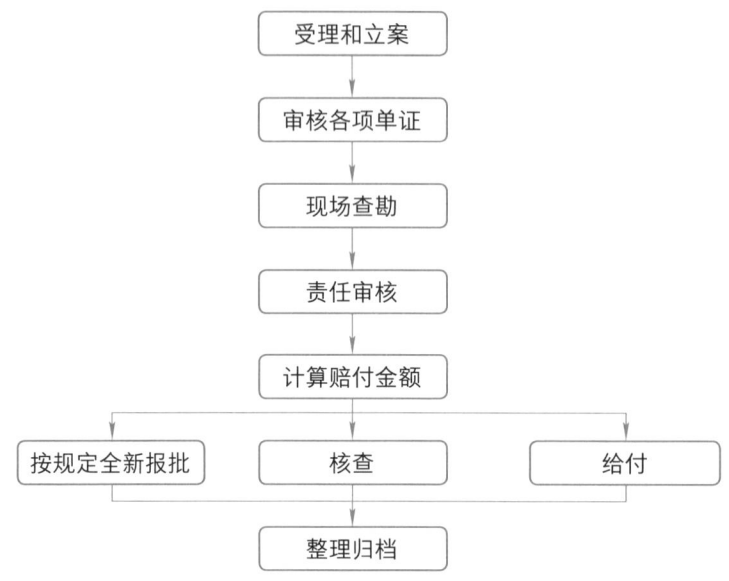

图1-11 一般保险理赔业务流程

6. 现场查勘的主要工作事项

(1) 核查出险时间。

(2) 检验出险货物。

(3) 初步判断损失原因。

(4) 估计损失金额。

(5) 查询是否有重复保险的情况。

(6) 现场拍照。

(7) 指导被保险人向第三方进行索赔。

(8) 施救整理受损财产。

(9) 指导和通知被保险人提供相应的索赔单证。

(10) 缮制出险查勘报告。

7. 被保险人应提交的索赔单证

(1) 保单正本、批单正本或保险协议、共保协议复印件。

(2) 索赔申请书及索赔（损失）清单。

(3) 提单正本、运输合同正本或其他运输单据正本。

(4) 货物品质证书、货物重量证书。

(5) 装箱单或磅码单。

(6) 发票、销售合同、货物清单、报关单。

(7) 收货人签收单及其他运输环节交接记录证明。

（8）货损货差证、责任事故证明正本。

（9）施救费用清单及证明。

（10）货损查勘报告、鉴定报告、检验报告。

（11）海事案件应提供海事单证及船舶资料。

（12）向第三方责任人追偿的书面证明及回函。

（13）预约保险提供"预约运输发货情况申报表"及"货物运输预约保险申报单"。

（14）其他单证。

8. 核赔的主要内容

（1）审核保险的合法性。

（2）审核保险权益。

（3）审核期限。

（4）审核损失是否发生在保险期限之内。

（5）审核损失原因和损失性质是否属于保险责任。

（6）审核单证是否齐全。

（7）审核保险货物损失及赔款。

（8）核定施救费用。

（9）审核赔付计算。

（10）审核是否及时向责任方履行了必要的追偿手续。

小案例

50台笔记本电脑丢失，运输公司赔偿900元

深圳一家经营笔记本电脑的某科技公司，将150台笔记本电脑分成两包，委托某运输公司运往天津。运输过程中装有50台单价2500元笔记本电脑的一个包裹未能顺利送达，于是该科技公司将运输公司诉讼至法院，要求判运输公司赔偿125000元。由于该科技公司在笔记本电脑起运前并未对其进行保价，因此，法院最终判运输公司按照托运单约定，给予该科技公司3倍运费即900元的赔偿。

案件审理过程中，法院调查发现，该科技公司在托运单上将保价勾选为"否"，且托运单托运人签字栏以红色黑体字特别提示注明："托运人没给货物保价的，货物破损、丢失按运费的2~3倍赔偿"，且该科技公司员工已签字确认。运输公司已尽提示、说明义务，保价条款应予以适用。法院经审理后认为，运输公司丢失货物构成违约，应按照约定给予该科技公司3倍运费即900元的赔偿。

该案例提示我们，在工作中应认真严谨，提高保险意识，树立法律意识。

任务实践活动

请以小组为单位，3～5人一组，按照步骤要求帮助张蓝完成任务。

步骤一：角色分配（分别扮演托运人和承运人），运输业务洽谈。

对运输业务进行沟通洽谈，讨论签订合同的各项条款，并进行汇总记录。

步骤二：拟订运输合同。

根据讨论结果拟订编写货物运输合同，将洽谈结果落实到合同条款中。

步骤三：签订运输合同。

运输合同拟订完毕后，托运人和承运人仔细查看合同条款，审核通过后在合同上签署名字和日期。

步骤四：办理运输保险。

承运人在与托运人签完合同后，选择运输保险类别为综合险，选择投保公司为平安保险，然后根据以下流程办理投保手续，如图1-12所示。

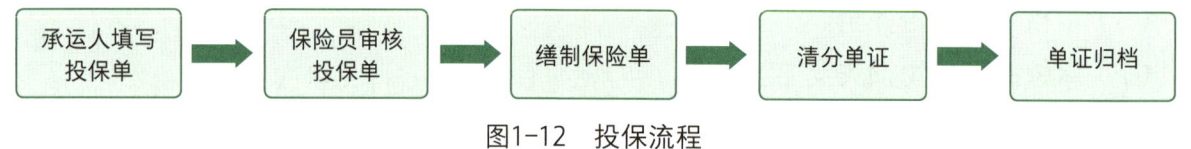

图1-12 投保流程

任务评价

姓名			学号		专业			
活动名称			运输基本业务					
考核内容		考核标准	参考分值	学生自评	小组互评	教师评价	考核得分	
素养评价	1	具有自主探究的学习能力和勤于思考的乐学精神	10					
	2	具有风险意识、责任意识、法律意识	10					
	3	具有良好的沟通能力和团队合作精神	10					
知识评价	4	熟悉运输业务洽谈、运输合同、运输保险的概念	10					
	5	掌握运输洽谈的内容要点	10					
	6	掌握托运人、承运人、收货人的权利和义务	10					
	7	掌握运输保险的保险责任	10					
技能评价	8	能够进行运输业务洽谈，拟订运输合同	20					
	9	能够办理运输保险	10					
总分			100					

内化与提升

某公司准备将一批贵重货物运输到国外，为了保障货物的安全，购买了货物运输保险。然而，在运输过程中，由于某种原因，货物在中途遭受了严重损坏。该公司向保险公司提出索赔，最终获得了相应的赔偿。

请思考：
1. 为什么公司在运输货物时要购买货物运输保险？
2. 货物运输保险对于货主来说有什么重要意义？
3. 在这个案例中，保险公司为什么同意对货物损坏进行赔偿？
4. 这个案例中的保险赔偿是否能够完全弥补货主的经济损失？
5. 通过这个案例，我们可以得到怎样的思想教育启示？

巩固提高

一、单项选择题

1. （　　）是指使用铁路列车运送货物的一种运输方式。
　　A. 公路运输　　B. 铁路运输　　C. 水路运输　　D. 航空运输

2. （　　）主要承担大批量、长距离的运输，是在干线运输中起主力作用的运输形式。
　　A. 公路运输　　B. 铁路运输　　C. 水路运输　　D. 航空运输

3. （　　）是利用管道输送气体、液体和固体料浆的一种运输方式。
　　A. 公路运输　　B. 管道运输　　C. 水路运输　　D. 航空运输

4. 在承运人将货物交付收货人之前，（　　）可以请求承运人终止运输、返还货物、变更到达地址或者将货物交给其他收货人。
　　A. 承运人　　B. 托运人　　C. 中间商　　D. 收货人

5. （　　）是投保人的书面要约。
　　A. 运输保险　　B. 运输合同　　C. 基本险　　D. 投保单

二、多项选择题

1. 运力是指由（　　）组成的，具有从事运输活动能力的系统。
　　A. 运输设施　　　　　　B. 运输路线
　　C. 运输设备　　　　　　D. 运输工具和人力

2. 按运输的范畴分类，运输可以分为（　　　　）。
   A. 干线运输　　　B. 支线运输　　　C. 二次运输　　　D. 厂内运输
3. 运输的功能包括（　　　　）。
   A. 直达运输　　　B. 产品转移　　　C. 中转运输　　　D. 产品存储
4. 运输保险的保险责任类别有（　　　　）。
   A. 基本险　　　　B. 综合险　　　　C. 一般险　　　　D. 责任免除

三、判断题

1. 运输是利用载运工具、设施设备及人力等运力资源，使货物在较大空间上产生位置移动的活动。（　　）
2. 按运输中途是否换载分类，运输可以分为一般运输、联合运输。（　　）
3. 产品储存是通过改变产品的地点与位置，消除产品的生产与消费之间的空间位置上的背离。（　　）
4. 在运输业务洽谈中，双方将商讨运输方式、运输费用、运输时间、运输责任、运输保险、合同条款等内容。（　　）
5. 运输合同是承运人将旅客或者货物从起运地点运输到约定地点，由旅客、托运人或者收货人支付票款或者运输费用的合同。（　　）
6. 收货人请求承运人赔偿损失的权利自提货之日起3个月内行使。（　　）

四、简答题

1. 请以流程图的方式描绘运输的操作流程。
2. 运输的基本方式有哪些？
3. 选择运输方式时应考虑哪几个方面？
4. 请以流程图的方式描绘运输保险业务运作流程。
5. 请以流程图的方式描绘一般保险理赔业务流程。

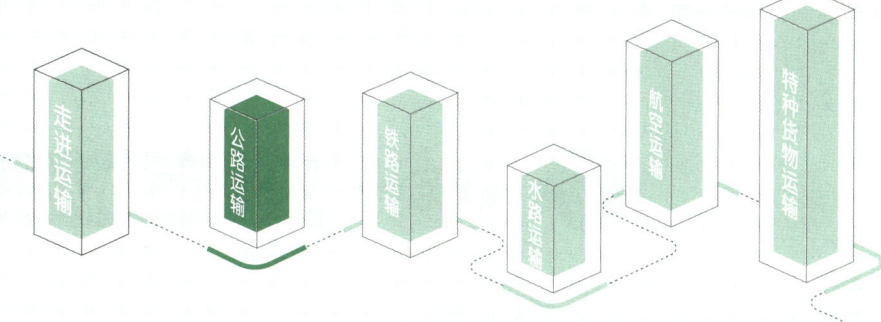

模块二
公路运输

> **知识导图**

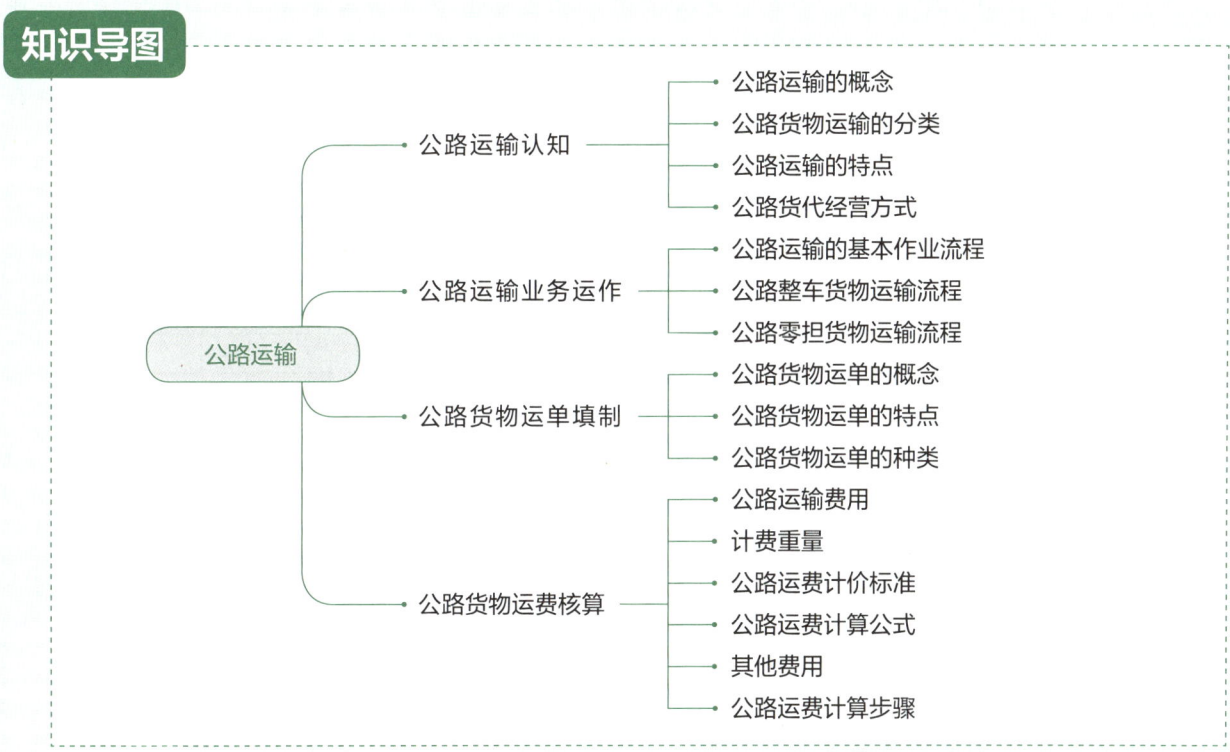

> **模块简介**

公路货物运输是交通运输系统的重要组成部分之一，主要承担中、短途货物运输任务。改革开放以来，我国公路运输业快速发展。从完成的运量和周转量来看，公路货运量远远超过其他运输方式，周转量也快速增长，公路运输方式在国民经济及社会发展过程中发挥着越来越重要的作用。本模块主要进行公路运输认知、公路运输业务运作、公路货物运单填制及公路货物运费核算4个任务的学习。

任务一　公路运输认知

公路运输的认知

任务背景

2023年9月20日，好盟公司接受了天津美嘉食品有限公司将500箱黄桃罐头从天津运至太原的运输业务，主管李琦将此单业务交给张蓝来组织完成。运输通知单如图2-1所示。张蓝想要顺利完成此单业务，首先应具备公路货物运输的相关知识，以此作为从事公路运输工作的基础。

运输通知单

To：好盟物流运输有限公司

我司有一批食品需从天津工厂发往太原，具体信息如下表所示。

序号	商品名称	数量	单位	重量/kg	体积/m³	到货日期
1	黄桃罐头	500	箱	6000	10	2023-9-23

收货单位：	太原家家爱食品有限公司
收货地址：	太原市杏花岭区解放路52号　邮编030009
联系人：	袁×
电话：	0351-3451××××，1381154××××，传真0351-1230××××

急需发运！收到请回复！

From：　天津美嘉食品有限公司　马×
022-8452××××　　　　1378273××××
天津市和平区兴安路22号
邮编300000
传真022-1555××××

图2-1　运输通知单

学习目标

知识目标

1. 熟悉公路运输的概念。
2. 掌握公路运输的特点。
3. 掌握公路货代经营方式。

能力目标

能够描述公路货代经营方式。

素养目标

1. 培养良好的沟通能力和团队合作精神。
2. 培养安全意识和良好的职业行为规范。

知识储备

一、公路运输的概念

公路运输是构成陆上运输的基本运输方式之一。所谓公路运输，是指以公路为运输线，利用汽车等陆路运输工具，做跨地区或跨国的移动，以完成货物位移的运输方式。它是对外贸易运输和国内货物流程的主要方式之一，既是独立的运输体系，也是车站、港口和机场物资集散的重要手段。公路运输可分为以下不同类型：

（1）按照货运营运方式的不同，公路运输可分为整车运输、零担运输、集装箱运输、联合运输和包车运输。

（2）按照托运的货物是否办理保险，公路运输可分为不保险运输和保险运输。

运输的货物保险与否均采取托运人自愿的办法，凡办理保险的，需按规定缴纳保险金或保价费。保险运输须由托运人向保险公司投保或委托承运人代办。

（3）按货物种类分类，公路运输可分为普通货物运输和特种货物运输。

普通货物运输是指对普通货物的运输，普通货物可分为一等、二等、三等几个等级。特种货物运输是指对特种货物的运输，特种货物包括超限货物、危险货物、贵重货物和鲜活货物。

> **小资料**
>
> 党的十八大以来，交通运输部组织新改建农村公路253万km，解决1040个乡镇、10.5万个建制村通硬化路难题，新增5万余个建制村通客车，具备条件的乡镇和建制村通硬化路、通客车、通邮路目标全面实现。
>
> 党的二十大部署了建设农业强国、全面推进乡村振兴、建设宜居宜业和美乡村的重要任务，结合深入贯彻《农村公路中长期发展纲要》《公路"十四五"发展规划》，提出要推动农村公路新征程"新三通"，也就是加快推进乡镇通三级及以上公路、建制村通等级路、较大人口规模自然村（组）通硬化路。力争到2035年，农村公路"新三通"基本实现，规模结构合理、设施品质优良、治理规范有效、运输服务优质的现代化农村交通运输体系基本形成。

二、公路货物运输的分类

公路货物运输的分类见表2-1。

表2-1　公路货物运输的分类

分类	内容介绍
零担货物运输	托运人一次托运货物计费重量在3t及以下
整批货物运输	托运人一次托运的货物计费重量在3t（含3t）以上，或虽不足3t，但其性质、体积、形状需要一辆3t及3t以上汽车运输
大型、特型笨重货物运输	因货物体积、重量的要求，需要大型或专用汽车运输
集装箱汽车运输	采用集装箱为容器，使用汽车运输
快件和特快件货物运输	在规定的距离和时间内将货物运达目的地的，为快件货物运输；应托运人要求，采取即托即运的，为特快件货物运输
危险货物运输	承运GB 12268—2012《危险货物品名表》列名的易燃、易爆、有毒、有腐蚀性、有放射性等危险货物和虽未列入《危险货物品名表》但具有危险货物性质的新产品

三、公路运输的特点

1. 公路运输的优点

（1）机动灵活、适应性强。由于公路运输网一般比铁路、水路网的密度大十几倍，分布面也广，因此公路运输车辆几乎可以做到"无处不到、无时不有"。公路运输在时间方面的机动性也比较强，车辆可随时调度、装运，各环节之间的衔接时间较短。尤其是公路运输对客、货运量的多少具有很强的适应性。汽车的载重吨位有小（0.25～1t）有大（200～300t），既可以单个车辆独立运输，也可以由若干车辆组成车队同时运输。这一点对抢险、救灾工作和军事运输具有特别重要的意义。

（2）可实现"门到门"直达运输。由于汽车体积较小，中途一般也不需要换装，除了可沿分布较广的路网运行外，还可离开路网，深入工厂企业、农村田间、城市居民住宅等地，即可以把旅客和货物从始发地门口直接运送到目的地门口，实现"门到门"直达运输。这是其他运输方式无法与公路运输比拟的特点之一。

（3）在中、短途运输中，运送速度较快。在中、短途运输中，由于公路运输可以实现"门到门"直达运输，中途不需要倒运、转乘就可以直接将客货运达目的地，因此，与其他运输方式相比，公路运输的客货在途时间较短，运送速度较快。

（4）原始投资少，资金周转快。公路运输与铁路、水路、航空运输方式相比，所需固定设施简单，车辆购置费用一般也比较低，因此，投资兴办容易，投资回收期短。

2. 公路运输的缺点

（1）运量较小，运输成本较高。与铁路、水路等运输方式相比，公路运输的运量相对较小，运输效率相对较低，不适用于大规模货物的长途运输。公路运输的成本是铁路运的11.1~17.5倍，是水路运输的27.7~43.6倍，是管道运输的13.7~21.5倍，但比民航运输成本低，只有民航运输的6.1%~9.6%。因此，除了航空运输，就是汽车运输成本比较高了。

（2）运行持续性较差。据有关统计资料表明，在各种现代运输方式中，公路的平均运距是最短的，运行持续性较差。如我国2020年公路旅客运输平均运距为67km，公路货物运输平均运距为176km。

（3）安全性较低，环境污染较严重。公路运输容易发生交通事故，导致人员伤亡和财产损失，安全性较低；同时，汽车所排出的尾气和引起的噪声也严重地威胁着人类的健康，是城市环境污染的最大污染源之一。

四、公路货代经营方式

1. 公共运输

公共运输是专业经营汽车货物运输业务，并以整个社会为服务对象的经营方式。其主要形式见表2-2。

表2-2 公共运输经营形式

类别	运营方式说明
定期定线	不论货载多少，在固定线路上按时间表行驶
定线不定期	在固定线路上视货载情况，派车行驶
定区不定期	在固定区域内根据货载需要，派车行驶

2. 契约运输

契约运输是指按照承运人、托运人双方签订的运输契约运送货物。托运人一般都是一些大型工矿企业，常年运量较大而且稳定。契约期限一般都比较长，短的有半年、一年，长的可达数年。按契约规定，托运人保证提供一定的货运量，承运人保证提供所需的运力。

3. 自用运输

自用运输是指工厂、企业、机关自购汽车，专门运送自己的物资和产品，一般不对外营业。

4. 汽车货运代理

汽车货运代理本身不掌握货源也不掌握运输工具，而是以中间人身份一面向货主揽货，一面向运输公司托运，借此收取手续费用和佣金。有的汽车货运代理人专门向货主揽取零星货载，加以归纳集中成为整车货物，然后自己以托运人名义向货物运输公司托运，赚取零担和整车货物运费之间的差额。

任务实践活动

请以小组为单位，3~5人一组，帮助张蓝完成任务。

步骤一：选择运输方式。

根据任务书，小组开展讨论，回答表2-3中的问题。

表2-3 选择运输方式

出发地	
目的地	
运输距离	
货运量	
选择运输方式	
该运输方式适用范围	

步骤二：分析公路运输的特点。

分析归纳公路运输的优缺点，完成表2-4。

表2-4 公路运输的优缺点

	优点	缺点
公路运输		

步骤三：分析公路货运经营方式。

请小组归纳公路货运经营方式，并分析张蓝任职的好盟公司在经营方式上属于哪种。

任务评价

姓名		学号		专业		
活动名称			公路运输认知			
考核内容		考核标准	参考分值	学生自评	小组互评	教师评价	考核得分
素养评价	1	具有良好的沟通能力和团队合作精神	5				
	2	具有自主探究学习和总结分析的职业素养	5				
	3	具有家国情怀和民族自豪感	10				
知识评价	4	熟悉公路运输的概念	10				
	5	清楚公路运输的优缺点	10				
	6	了解公路货代经营方式	10				
技能评价	7	能根据任务书选择合适的运输方式	15				
	8	能分析归纳出公路运输的适用范围	20				
	9	能够分析公路货代经营方式	15				
总分			100				

内化与提升

根据本任务所讲述的内容，利用互联网查找资料，归纳整理对公路运输的理解，形成总结文档。

任务二 公路运输业务运作

任务背景

好盟公司是一家大型物流企业，主营业务为仓储、运输、配送和物流信息处理等服务项目，经营范围覆盖全国大部分地区。目前，好盟公司在上海市设立了一个物流中心（位于上海市浦东新区祥和路138号），主要开展除易燃易爆危险品、有毒物品、生鲜货品之外的普通商品的存储、保管、装卸搬运、长途干线运输、市内配送、物流信息处理等业务。

2023年9月20日，好盟公司主管李琦向张蓝下达了3个运输任务（通知单如图2-2所示），要求做好相关运输订单的业务受理工作。根据给出的运输通知单，判断其是否能够正常受理，在此基础上完成运输任务。

运输通知单1			
客户指令号	YSTZD001	托运客户	上海健康乳业有限公司
始发站	上海	目的站	广州
托运人	白云飞	取货地址	上海市金山区中山街712号
联系方式	1378273××××	取货时间	2023年9月20日8:00—12:00
收货人	广州怡尚连锁超市（李丽）	收货地址	广州市中山西路28号
联系方式	1381154××××	收货时间	2023年9月24日12:00—17:00
货品条码	货品名称	单位	包装规格	总体积/m³	总重量/kg	数量	备注
6925126340582	康师傅冰红茶	箱	285mm×380mm×270mm	1.46	69	50	

a)

运输通知单2			
客户指令号	YSTZD002	托运客户	上海口口香食品有限公司
始发站	上海	目的站	北京
托运人	黄刚	取货地址	上海市静安区胜利路96号
联系方式	1378273××××	取货时间	2023年9月20日8:00—12:00
收货人	北京四味食品有限公司（郑毅）	收货地址	北京市朝阳区东大桥路102号
联系方式	1536874××××	收货时间	2023年9月24日12:00—17:00
货品条码	货品名称	单位	包装规格	总体积/m³	总重量/kg	数量	备注
6925126345214	康师傅方便面	箱	285mm×380mm×270mm	1.46	36	50	

b)

图2-2 3个运输任务通知单

运输通知单3			
客户指令号	YSTZD003	托运客户	上海盒马生鲜旗舰店
始发站	上海	目的站	北京
托运人	赵路	取货地址	上海市杨浦区万宁路110号
联系方式	1378273××××	取货时间	2023年9月20日8:00—12:00
收货人	北京四味食品有限公司(郑毅)	收货地址	北京市朝阳区东大桥路102号
联系方式	1536874××××	收货时间	2023年9月24日12:00—17:00

货品条码	货品名称	单位	包装规格	总体积/m³	总重量/kg	数量	备注
6958741345214	大闸蟹(鲜)	箱	285mm×380mm×270mm	1.17	60	40	

c)

图2-2 3个运输任务通知单(续)

张蓝应如何处理该业务?

学习目标

知识目标

1. 掌握公路运输的基本作业流程。
2. 熟悉整车运输与零担运输的概念。

能力目标

1. 能够判断整车运输和零担运输。
2. 能够绘制整车货物运输与零担货物运输的作业流程。

素养目标

1. 培养良好的沟通能力和团队合作精神。
2. 培养安全意识和良好的职业行为规范。
3. 能利用网络快速准确搜集并总结有用信息。

知识储备

一、公路运输的基本作业流程

公路运输的基本作业流程如图2-3所示。

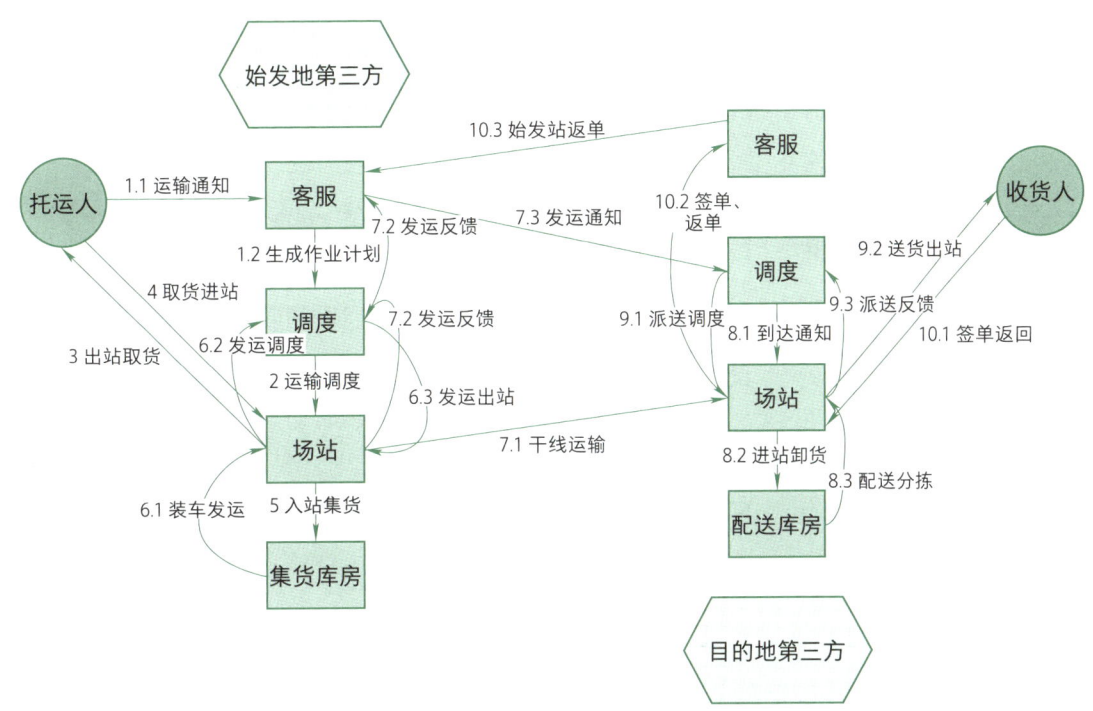

图2-3 公路运输的基本作业流程

二、整车运输

整车运输是指托运人一次托运的货物在3t以上（含3t），或虽不足3t，但其性质、体积、形状需要一辆3t以上公路货物运输的形式（见图2-4）。

图2-4 整车运输

以下货物必须按整车运输：

（1）鲜活货物，如冻肉、冻鱼、鲜鱼，活的牛、羊、猪、兔、蜜蜂等。

（2）需用专车运输的货物，如石油、烧碱等危险货物，粮食、粉剂的散装货等。

（3）不能与其他货物拼装运输的危险品。

（4）易于污染其他货物的不洁货物，如炭黑、皮毛、垃圾等。

（5）不易于计数的散装货物，如煤、焦炭、矿石、矿砂等。

三、整车货物运输流程

整车货物运输的作业流程如图2-5所示。

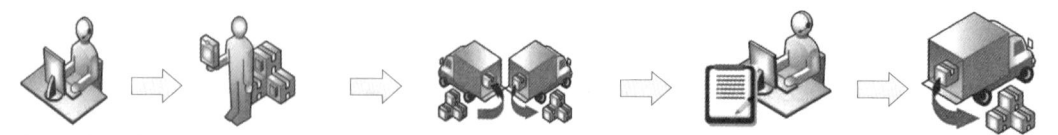

托运受理　整车货物的核实、理货　整车货物的监装、监卸　整车货物的运输变更　货物的运达交付手续

图2-5　整车货物运输的作业流程

整车货物运输的站务工作可分为发送、途中和到达三个阶段的站务工作，内容包括货物的托运与承运，货物装卸、起票、发车，货物运送与到达交付、运杂费结算，商务事故处理等。

1. 整车货物运输的发送站务工作

货物在始发站的各项货运作业统称为发送站务工作。发送站务工作主要由托运受理、组织装车和核算制票三部分组成。

2. 整车货物运输的途中站务工作

货物在运送途中发生的各项货运作业统称为途中站务工作。途中站务工作主要包括途中货物交接、途中货物整理或换装等内容。

3. 整车货物运输的到达站站务工作

货物在到达站发生的各项货运作业统称为到达站站务工作。到达站站务工作主要包括货运票据的交接，货物卸车、保管和交付等内容。车辆装运货物抵达卸车地点后，收货人或车站货运员应组织卸车。卸车时，对卸下货物的品名、件数、包装和货物状态等应做必要的检查。整车货物一般直接卸在收货人的仓库或货场内，并由收货人自理。收货人确认卸下货物无误并在货票上签收后，货物交付即完毕。货物在到达地向收货人办完交付手续后，才告完成该批货物的全部运输过程。

四、零担运输

根据GB/T 18354—2021《物流术语》，零担运输是指一批货物的重量、体积、形状和性质不需要单独使用一辆货车装运，并据此办理承托手续、组织运送和计费的运输活动。按件托运的零担货物，单件重量不得超过200kg；单件体积一般不得小于0.01m^3（单件重量超过10kg的除外），不得大于1.5m^3；货物长度、宽度、高度分别不得超过3.5m、1.5m和1.3m。不符合这些要求的，不能按零担货物托运、承运。其流程如图2-6所示。

五、零担货物运输流程

零担货物运输按照其工作的先后排序绘制其流程如图2-6所示。其内容主要包括货物托运、托运受理、过磅起票、仓库保管、配载装车、车辆运行、中转作业、到站卸货、货物交付等。

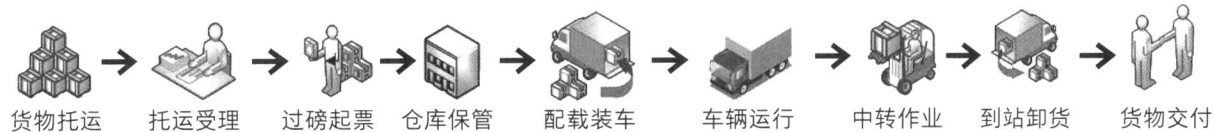

图2-6 零担货物运输的作业流程

1．货物托运

货物托运是指货主（单位）委托运输企业为其运送货物，并为此办理相关手续的统称。此处所说的"相关手续"，主要是签订合同，明确托、承双方职责。汽车货物运输合同有书面形式、口头形式和其他形式，一般采用书面形式。书面形式的合同种类分为定期运输合同、一次性运输合同和道路货物运单（以下简称运单）。零担货物托运因其批次多、批量不统一，故多采用道路货物运单形式。

2．托运受理

托运受理是指零担货物承运人根据经营范围内的线路、站点、运距、中转站、各车站的装卸能力、货物的性质及受运限制等业务规则和有关规定，接受零担货物的托运，办理托运手续的活动过程。

（1）受理零担货物托运的前提条件。

1）符合零担货物的条件。汽车零担货物运输是指汽车运输企业承办的一次托运的货物不足规定整车重量限额货物的运输。

2）公布办理零担的线路、站点、班期、里程及运价。

3）张贴托运须知、包装要求和限运规定。

（2）受理托运的主要形式。

1）随时受理制。随时受理制是指对托运日期无具体规定，在营业时间内，托运人均可将货物送到托运站办理托运的形式。这一制度极大地方便了货主，但是缺乏计划性，不能事先组织货源，因而货物在库时间长，设备利用率低。在实际工作中，随时受理制是当前常用的受理形式。

2）预约上门受理。预约上门受理是指货主通过电话、传真、网上传送等途径与承运方联系，事先预定托运货物，承运方根据约定托运货物名称、性质和数量等，派车到货主方装货实施运送的形式。

3）站点受理。站点受理是指物流公司在货物托运集中地设立站点，受理货主托运货物的形式。如广西运德物流公司除了在总部受理货物托运外，还在南宁火车站旁、友爱路和埌东客运站等设立了站点，大大方便了用户。

（3）受理托运的操作要点。

1）审核托运单。受理托运时，承运方必须认真审核托运单，确保运单记载的内容与托运货物的名称、性质、件数、质量、体积和包装等相符，符合《汽车货物运输规则》的规定。

> 运输订单的审核内容：
> （1）客户性质：是合同客户还是其他客户。
> （2）货物属性：是否属于管制货物或者禁运物品。
> （3）货物数量或体积：是否符合整车运输。
> （4）货物始发地以及目的地：是否属于公司承运范围。

> 审核托运单的要求：
> （1）检查核对托运单的各栏有无涂改，对涂改不清的应重新填写。
> （2）审核到站与收货人地址是否相符，以免误运。
> （3）对货品名和属性进行鉴别，注意区别普通和笨重零担货物、普通物品与危险品的办理。

2）检查货物包装。货物包装是货物在运输、装卸搬运、仓储和中转过程中为保护货物质量而必须具备的物质条件，直接关系到运输质量和货物自身的安全。检查货物包装步骤如下：

① 看：包装是否符合相关规定，有无破损、异迹；笨重货物的外包装上面是否用醒目标记标明重心点和机械装卸作业的起吊位置。

② 听：有无异声。

③ 闻：有无不正常的气味。

④ 摇：包装内的衬垫是否充实，包装内的货物是否晃动。

3）估重量方。过去称为过磅量方，但是现在人们的生活节奏加快，多数物流公司的做法是改过磅为估重（估重收费需要有一定的经验积累）。有些货物如红木沙发，则需要量方，即丈量沙发外包装的长、宽、高的尺寸，计算其体积。估重量方后要注意做好记录。

4）拴贴标签、标志。估重量方后的货物，在每件货物两端或正侧面明显处分别拴贴统一规定注有运输号码的零担货物标签。需要特殊装卸、堆码、储存的货物，应在货物明显处加贴储运指示标志，并在运单"特约事项"栏内注明。零担标签、标志是货物本身与运输票据的联系物，是标明货物性质的，也是理货、装卸、中转和交付货物的重要识别凭证，所以标签的各栏必须详细填写，并按要求拴贴。

5）收取运杂费。

3. 过磅起票及仓库保管

零担货物入库保管，是物流公司对货物履行责任运输和保管的开始。把好验收关，能有效地杜绝差错。进出仓要照单入库或出库，做到以票对票、货票相符、票票不漏。零担货物仓库应严格划分货位，一般可划分为待运货位、急运货位和到达待交货位。零担货物仓库要具有良好的通风、防潮、防火、防盗条件和灯光照明设备，以保证货物的完好和适应各项作业要求。

4. 配载装车

配载是指对某一时段待运送的货物，依据其性质、数量（体积）、流向、直达或中转等，按照一定的原则，如安全、不污染、不影响运输质量等，选择安排适当吨位或容积的车辆装载的业务活动。

（1）零担货物的配载原则。在选择合适的车辆后，应该遵循以下原则：

1）充分利用车辆载重量和容积，不甩货。

2）严格执行混装限制规定，性质或灭火方法相抵触的货物严禁混装于同一车。

3）符合货物堆放规则。大的、重的、包装结实的放下面，小的、轻的放上面，做到重不压轻、大不压小、木箱不压纸箱。

4）符合货物运输先后原则。做到中转先运、急件先运、先托先运、合同先运。

5）先装远，后装近。

6）货物装车后，车辆受力均匀，不偏重。

7）货物堆垛稳固。

8）尽量采用直达方式，减少中转；必须中转的货物，则应合理安排流向。

9）加强对中途各站待运量的掌控，尽量使同站装卸的货物在重量和体积上相适应。

（2）装车准备工作。

1）根据车辆容积、载重量，以及货物的性质、形状、长度和大小进行合理配载，填制货物交接清单。填单时应按货物先远后近、先重后轻、先大后小、先方后圆的顺序进行，以便于按单顺次装车；对不同到达站和中转的货物要分单填制，即交接清单一站一单，以利点收点交和运杂费结算。

2）整理各种随货同行单证，包括提货联、随货联、托运单、零担货票及其他附送单据，按中转和直达分开，分别附于交接清单后面。

3）按单核对货物堆放位置，做好装车标记。

（3）装车。

1）按交接清单的顺序和要求点件装车。

2）将贵重物品放在防压、防撞的位置，保证运输安全。

3）装车完毕，要检查货位，避免漏装和错装。

4）驾驶员（或随车理货员）清点随车单证并签章确认。

5）检查车辆施封和遮盖捆扎情况。

5. 车辆运行

按期发车，按线行驶。零担货运班车必须严格按期发车，按规定线路行驶，在中转站要由值班人员在路单上签证。有车辆跟踪系统的要按规定执行,使基站能随时掌控车辆在途情况。

6. 中转作业

对于需要中转的货物,需以中转零担班车或沿途零担班车的形式运到规定的中转站进行中转。中转作业主要是将来自各个方向的仍需继续运输的零担货物卸车后重新集结待运,继续运至终点站。

零担货物的中转作业一般有以下三种方法:

(1)全部落地中转(落地法)。将整车零担货物全部卸下交中转站入库,由中转站按货物的流向或到达站重新集结,另行安排零担货车分别装运,继续运到目的地。这种方法的车辆载重量和容积利用较好,但装卸作业量大,仓库和场地的占用面积大,中转时间长。

(2)部分落地中转(坐车法)。由始发站开出的零担货车,装运有部分要在途中某地卸下而转至另一路线的货物(先到站货物),其余货物(后到站货物)则由原来车继续运送到目的地。这种方法是先到站货物卸下后,可加装同一到站的其他货物。其好处是加快了中转作业速度,提高了汽车货位利用率,但对留在车上的货物的装载情况和数量不易检查清点。

(3)直接换装中转(过车法)。当几辆零担货车同时到站进行中转作业时,将车内部分中转零担货物由一辆车向另一辆车上直接换装,而不到仓库货位上卸货。组织过车时,既可以向空车上过,也可向装有后到站货物的重车上过。这种方法在完成卸车作业时即完成了装车作业,提高了作业效率,加快了中转速度,但对到发车辆的时间等条件要求较高,容易受意外因素干扰而影响运输计划。零担货物的中转除了承担货物的保管工作外,还需要进行一些与中转环节有关的理货、堆码和倒载等作业。因此,零担货物中转站必须配备相应的仓库和货棚,并具备良好的通风、防潮、防火、采光和照明等条件,确保货物安全完好和适应各项作业的需要,以便及时、准确地送达目的地。

7. 到站卸货及异常情况处理

货运班车到站后,车站货运人员如仓库人员应向随车理货员或驾驶员索阅货物交接单以及随车的有关单证,检查核对货物装载情况。如一切正常,在交接单上签字并加盖业务章;如有异常情况发生,则应采取相应措施处理。常见的异常情况及相应处理方法如下:

(1)有单无货,双方签注情况后,在交接单上注明,将原单返回。

(2)有货无单,确认货物到站后,由仓库人员签发收货清单,双方盖章,清单寄回起运站。

(3)货物到站错误,将货物原车运回起运站。

(4)货物短缺、破损、受潮、污染、腐烂,应双方共同签字确认,填写事故清单。

8. 货物交付

（1）货物到达（入库）后，及时通知收货人凭提货单提货，或者按指定地点送货上门。收货人收到货物后应在提货单上加盖印章，到达站交付货物后也应在提货单上加盖"货物付讫"戳记，以备存查。

（2）货物短损的，如包装破损，由交接双方清点（有的复磅），做好记录，由责任方赔偿。

（3）遇到标签脱落的货物必须慎重查明，方可交付。

（4）提货单遗失的，收货人应及时向到达站挂失。经确认后，可凭有效证件提货。若在挂失前货物已经被他人持单领走，到达站应配合查找，但是不负责赔偿。

（5）"到货通知"发出一个月内无人领取货物或收货人拒收，到达站应向起运站发出"货物无法交付通知书"；超过一个月仍无人领取的，按照《关于港口、车站无法交付货物的处理办法》有关规定办理。

✘ 任务实践活动

步骤一：角色分配。

每3~4人一组，角色分配见表2-5，可根据实际情况进行调整。

表2-5 角色分配

参考角色	参考人数
客服人员	1
调度人员	1
托运人	1
收货人	1

步骤二：判断任务的组织形式。

从"任务描述"可知，三个客户都是从天津运往上海，属于零担运输。

步骤三：零担运输托运组织。

零担货物运输作业流程主要包括受理托运、过磅和起票、验收入库、开票收费、配载装车、货物交付、货物中转及零担货运到达作业。零担货运作业流程如图2-6所示。

1. 货物托运

上海健康乳业有限公司、上海口口香食品有限公司和上海盒马生鲜旗舰店向好盟公司发出运输请求，委托为其运送货物。

2. 托运受理

（1）运输通知单审核。张蓝根据公司经营范围、运输线路、站点、运距、中转站、各车站的装卸能力、货物的性质及受运限制等业务规则和有关规定，分析是否接受三个客户的运输委托，能否为其办理运输业务。

张蓝查询了物流中心长途运输班线信息（见表2-6）和自有车辆信息（见表2-7）。

表2-6 运输班线信息

班线	车牌号	经停站	进站时间（天津）	起运时间	运输时效（仓到仓）	线路类型	运输距离	备注
上海—广州	沪A307××	无	8:00	18:00	2天	公路	1430km	
上海—北京	沪A857××	无	22:00	18:00	2天	公路	1210km	
上海—石家庄	沪AB00××	无	19:30	18:00	2天	公路	1120km	
上海—杭州	沪A328××	无	17:00	18:00	1天	公路	172km	
上海—苏州	沪AH50××	无	14:30	18:00	1天	公路	97km	

表2-7 自有车辆信息

序号	车牌号	车长/m	厢型	载重/t	容积/m^3	驾驶员	用途	所属
1	沪A307××	9.6	厢式车	25	60	张××	干线运输	自有
2	沪A857××	9.6	厢式车	25	60	王××	干线运输	自有
3	沪AB00××	9.6	厢式车	25	60	张××	干线运输	自有
4	沪A328××	12.5	厢式车	30	80	郭××	干线运输	自有
5	沪AH50××	17.5	厢式车	51	110	李××	干线运输	自有

（2）运输单录入。

1）以需要进行干线运输的运输通知单1为例，进行运输订单信息录入操作。在"运输管理"任务下"任务训练系统操作"中，单击"业务受理"按钮，进行运输业务信息录入，如图2-7所示。

公路运单系统操作

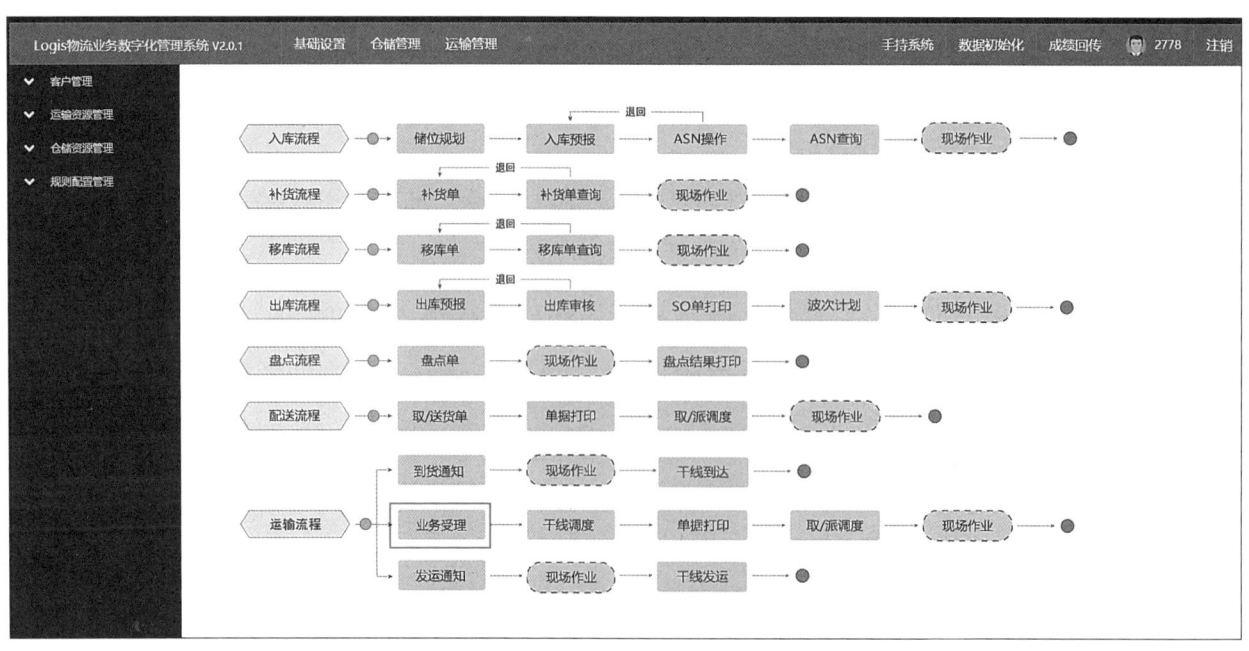

图2-7 运输业务信息录入

2）选择"运输订单"，进入订单管理界面，单击"新增"按钮，如图2-8所示。

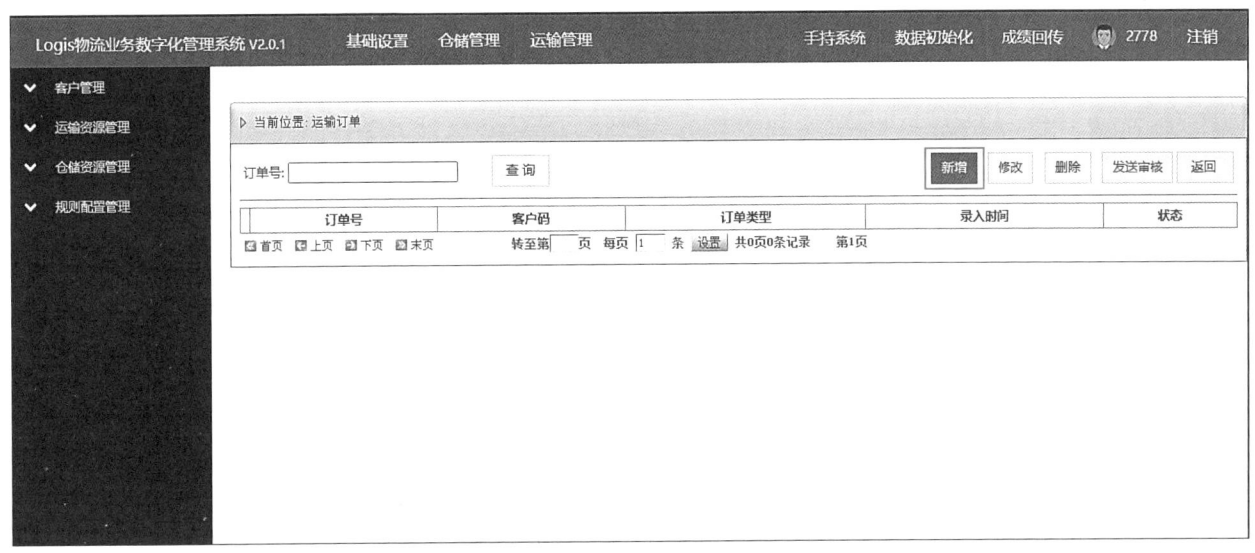

图2-8 单击"新增"按钮

3）进入订单录入页面，根据运输通知单1中的具体作业要求录入运输信息，确认无误后，单击"保存订单"按钮，如图2-9所示。

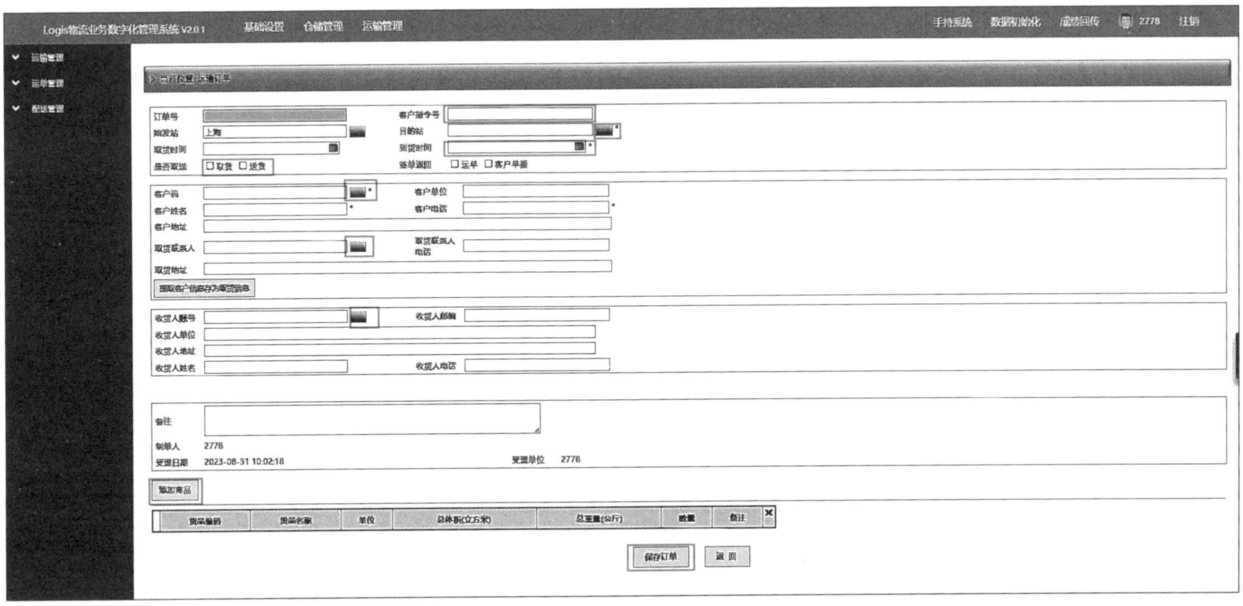

图2-9 单击"保存订单"按钮

①填写客户指令号"YSTZD001"，选择目的站为"广州"，如图2-10所示。

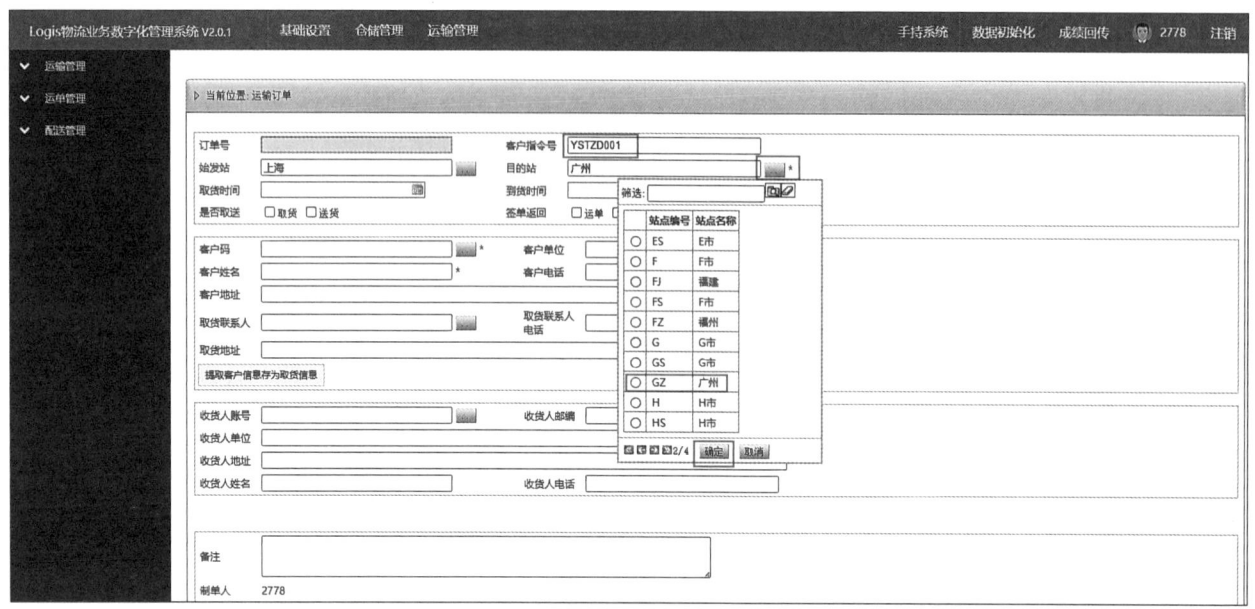

图2-10　选择目的站为"广州"

②选择取货时间为"2023-09-20"选择到货时间"2023-09-24"，单击"确定"按钮，并勾选"取货"和"送货"复选框，如图2-11所示。

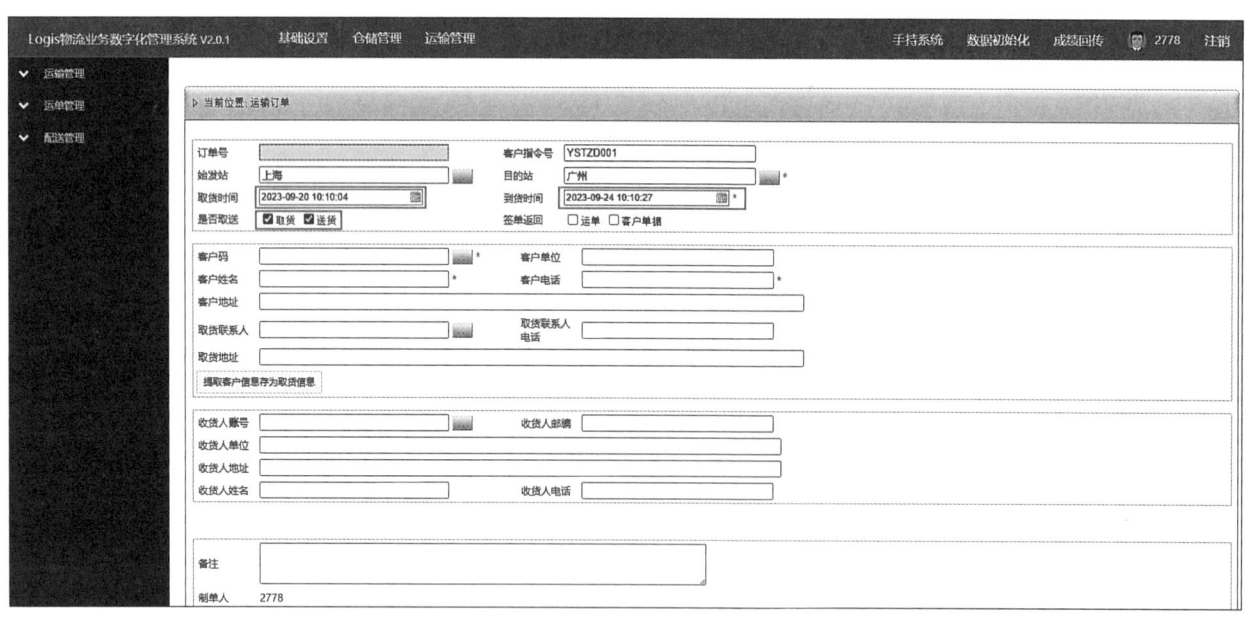

图2-11　选择"取货"和"送货"复选框

③选择客户码为"上海健康乳业有限公司"，并单击"提取客户信息存为取货信息"按钮，如图2-12所示。

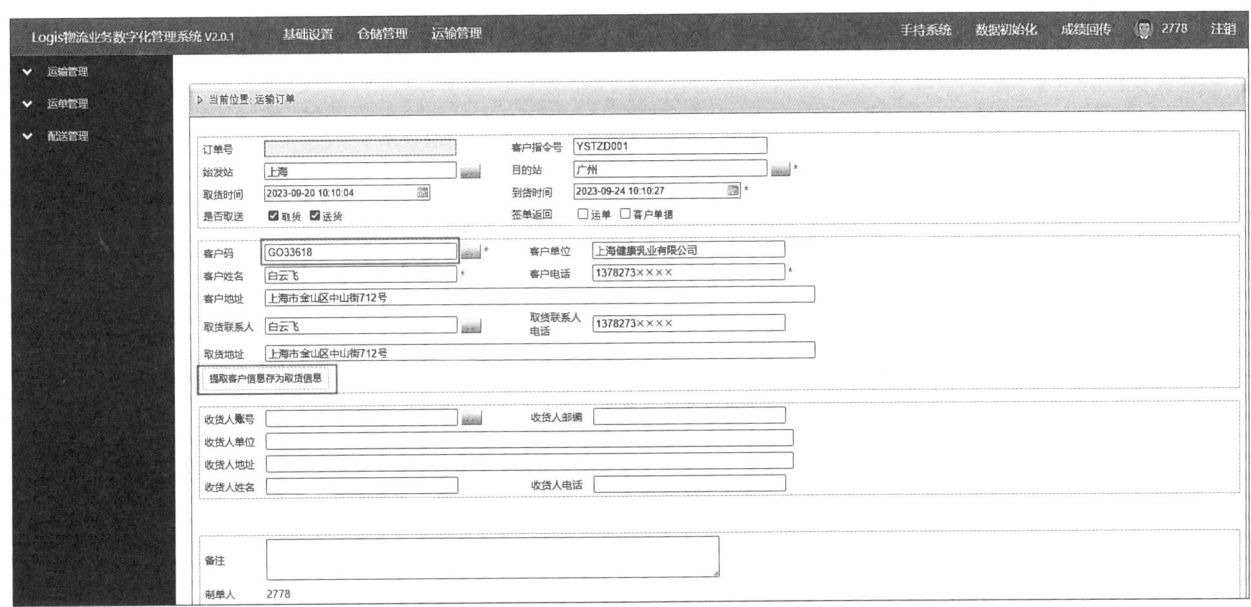

图2-12　单击"提取客户信息存为取货信息"按钮

④选择收货人账号为"广州怡尚连锁超市（CG079269）"，如图2-13所示。

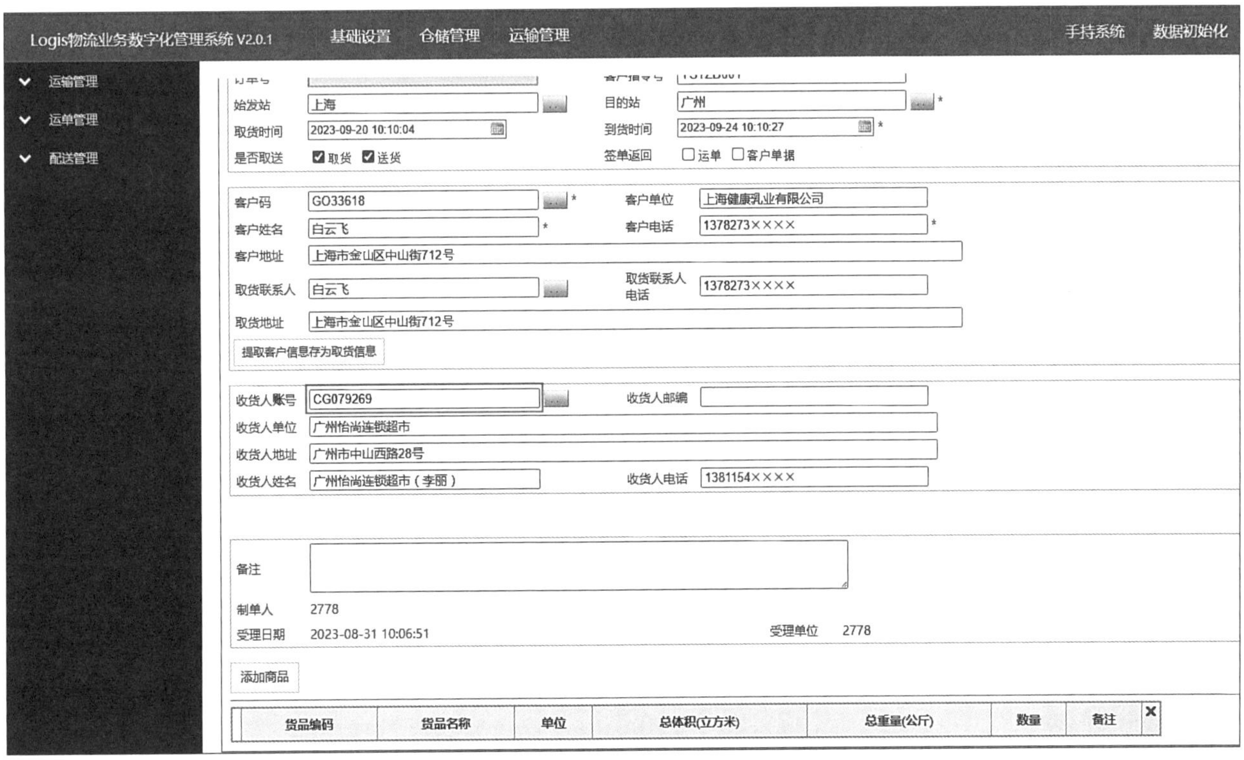

图2-13　选择收货人账号为"广州怡尚连锁超市（CG079269）"

⑤单击"添加商品"按钮，选择商品信息"康师傅冰红茶"，并填写总体积、总重量、数量等信息，如图2-14所示。

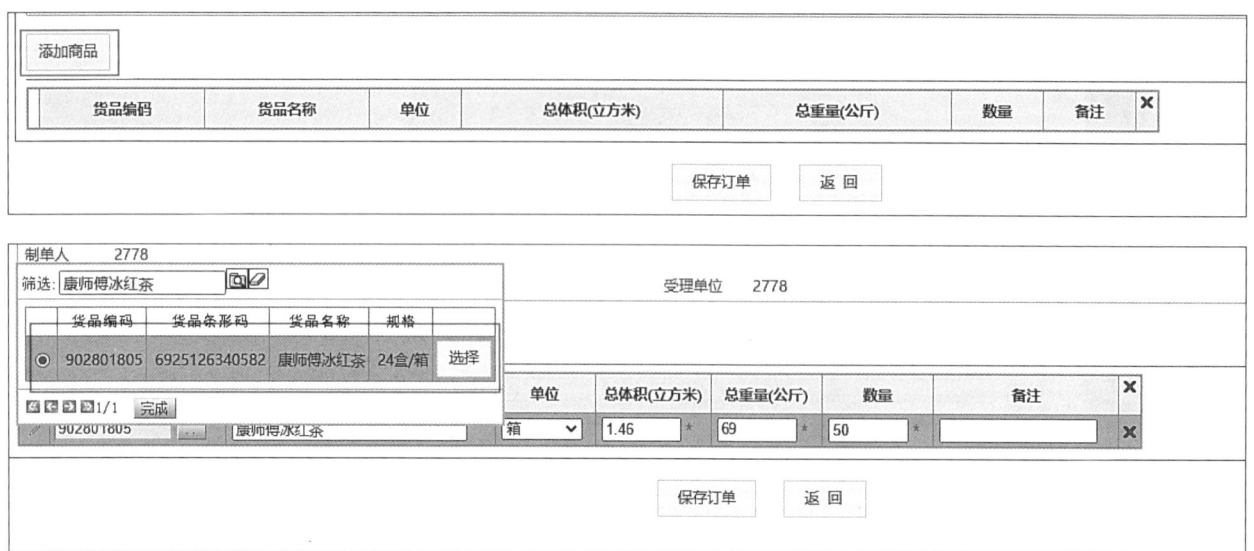

图2-14 添加商品

⑥单击"保存订单"按钮,完成YSTZD001订单录入操作,如图2-15所示。

图2-15 完成订单录入操作

⑦对已录入完毕并保存成功的运输订单,生成作业计划。在运输订单管理列表界面,勾选已经录入完毕的运输订单,单击"发送审核"按钮,如图2-16所示。

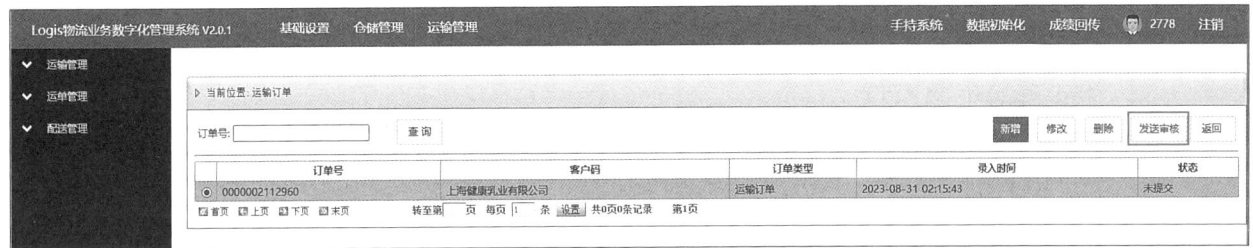

图2-16　发送审核

⑧进入运输订单信息核对的界面，核查订单信息，确认无误后，单击"确认审核"按钮，如图2-17所示。按照同样的步骤完成其他订单的审核。

图2-17　完成订单审核

3. 入库保管

好盟公司上海物流中心对受理的货物进行入库保管货物，这也是履行责任运输和保管。

4. 配载装车

上海物流中心根据2023年9月20日待运送的货物，依据其性质、数量（体积）、流向、直达或中转等，按照一定的原则，如安全、不污染、不影响运输质量等，选择安排适当吨位或容积的车辆装载的业务活动。

5. 货物起运及车辆运行

配载完成后，上海物流中心需要按期发车，按线行驶，在中转站要由值班人员在路单上签证。有车辆跟踪系统的要按规定执行，使基站能随时掌控车辆在途情况。

6. 中转作业

对于需要中转的货物，需以中转零担班车或沿途零担班车的形式运到规定的中转站进行中转。

7. 到站卸货及异常情况处理

货运班车到站后，车站货运人员向随车理货员或驾驶员索阅货物交接单以及随车的有关单证，检查核对货物装载情况，经检查一切正常，在交接单上签字并加盖业务章。

8. 货物交付

货物到达后，及时通知收货人凭提货单提货，或者按指定地点送货上门。收货人收到货物后应在提货单上加盖印章，到达站交付货物后也应在提货单上加盖"货物付讫"戳记，以备存查。

任务评价

姓名			学号			专业		
活动名称				公路运输业务运作				
考核内容		考核标准	参考分值	学生自评	小组互评	教师评价	考核得分	
素养评价	1	具有良好的沟通能力和团队合作精神	10					
	2	能利用网络快速准确搜集并总结有用信息	10					
知识评价	3	掌握零担运输的概念	10					
	4	掌握整车运输的特点	10					
技能评价	5	能够判断是否接受运输委托	10					
	6	能够画出零担货物运输的作业流程	20					
	7	能够完成运输订单的录入	20					
	8	能独立完成运输业务	10					
总分			100					

内化与提升

好盟公司天津营业部张蓝接到客户王女士的托运要求,要求将一批物品在三天内运送到北京某零售店。货物具体信息如下:

(1)黑色水笔:纸箱包装,体积为40cm×30cm×20cm,每箱毛重15kg,共计100箱。

(2)英语作业本:纸箱包装,体积为40cm×30cm×30cm,每箱毛重20kg,共计50箱。

(3)计算器:纸箱包装,体积为50cm×30cm×30cm,每箱毛重12kg,共计10箱。

请完成以下任务:

1. 为该批货物选择运输方式,如零担货物运输、整批货物运输。
2. 受理运输业务后,描述该批货物的托运流程。

任务三　公路货物运单填制

任务背景

2023年9月21日,好盟公司接到来自天津丰达贸易发展有限公司发来的运输请求。具体内容如图2-18所示。

运输通知单

To:好盟公司

我司有一批机器须从天津工厂发往上海,具体信息如下表所示。

序号	商品名称	数量	单位	重量/kg	体积/m³	到货日期
1	VIDD牌打包机	80	件	1560	12	2023-9-30

收货单位:	上海达利贸易公司
收货地址:	上海市黄浦区长沙路203号　邮编200003
联系人:	张玉山
电话:	021-3451××××,1386254××××,传真021-1230××××

急需发运!收到请回复!

From:天津丰达贸易发展有限公司　章华
022-8452××××　　　1364832××××
天津市河北区中山路21号
邮编300140
传真022-1555××××

图2-18　运输通知单

李琦要求张蓝等人根据获得的全部托运信息，将此次的托运信息编制成一张"公路货物运单"，尽快掌握公路运输的整个过程。

根据以上信息，张蓝等人应怎么编制运单呢？

学习目标

知识目标

1. 掌握公路货物运单的概念和特点。
2. 掌握公路货物运单的种类。

能力目标

1. 能够描述公路货物运单的填制要点。
2. 能够正确填制公路运单。

素养目标

1. 培养良好的沟通能力和团队合作精神。
2. 具有一定的安全意识和良好的职业行为规范。
3. 能利用网络快速准确搜集并总结有用信息。

知识储备

一、公路货物运单的概念

公路货物运单是公路货物运输及运输代理的合同凭证，是运输经营者接受货物并在运输期间负责保管和据以交付的凭据，也是记录车辆运行和行业统计的原始凭证。

公路货物运单不是议付或可转让的单据，也不是所有权凭证。公路货物运单必须记载下列事项：运单签发日期和地点，发货人、承运人、收货人的名称和地址，货物交接地点、日期，一般常用货物品名和包装方法，货物重量、运费，海关报关须知等。

二、公路货物运单的特点

填在一张货物运单内的货物必须属于同一托运人。对拼箱装分卸货物，应将拼装货分卸情况在运单记事栏内注明。易腐蚀货物、易碎货物、易溢漏的液体、危险货物与普通货物以及性质相抵触、运输条件不同的货物，不得用同一张运单托运。托运人、承运人修改运单时须签字盖章。

三、公路货物运单的种类

公路货物运单分为甲、乙、丙三种。

甲种运单适用于普通货物、大件货物、危险货物等货物运输和运输代理业务（见表2-8）；乙种运单适用于集装箱汽车运输（见表2-9）；丙种运单适用于零担货物运输（见表2-10）。

承、托运人要按道路货物运单内容逐项如实填写，不得简化、涂改。承运人或运输代理人接收货物后应签发道路货物运单，道路货物运单经承、托双方签章后有效。

甲、乙两种运单，第一联存根，作为领购新运单和行业统计的凭据；第二联托运人存查联，交托运人存查并由运输合同当事人一方保存；第三联提货联，由承运人存查联，交承运人存查并作为运输合同当事人另一方保存；第四联随货同行联，作为载货通行和核算运杂费的凭证，货物运达、经收货人签收后，作为交付货物的依据。

丙种运单，第一联存根，作为领购新运单和行业统计的凭证；第二联托运人存查联，交托运人存查并由运输合同当事人一方保存；第三联提货联，由托运人邮寄给收货人，凭此联提货，也可由托运人委托运输代理人通知收货人或直接送货上门，收货人在提货联收货人签章处签字盖章，收、提货后由到达站收回；第四联运输代理人存查联，交运输代理人存查并作为运输合同当事人另一方保存；第五联随货同行联，作为载货通行和核算运杂费的凭证，货物运达、经货运站签收后，作为交付货物的依据。丙种运单与汽车零担货物交接清单配套使用。承运人接收零担货物后，按零担货物到站次序，分别向运输代理人签发道路货物运单（丙种）。已签订年、季、月度或批量运输合同的，必须在运单"托运人签章或运输合同编号"栏注明合同编号，托运人委托发货人签章。批次运输任务完成或运输合同履行后，凭运单核算运杂费，或将随货同行联（第五联）汇总后转填到合同中，由托运人审核签字后核算运杂费。道路货物运输和运输代理经营者凭运单开具运杂费收据。运输危险货物必须使用在运单左上角套印"道路危险货物运输专用章"的运单（甲种），方准运行。

国际公路货物运输合同公约（CMR）运单一式三联，发货人和承运人各持运单的第一、三联，第二联随货物走。CMR运单不是议付或可转让的单据，也不是所有权凭证。CMR运单必须记载下列事项：运单签发日期和地点，发货人、承运人、收货人的名称和地址，货物交接地点、日期，一般常用货物品名和包装方法，货物重量、运费，海关报关须知等。

表2-8 公路货物运单（甲种）

××公司公路货物运单
(××省内公路货物运单——甲种)

起运日期： 年 月 日　　　　　　　　　　　　　　　　　　　　　　　　编号：

承运人		地址邮编		电话传真		车牌号		运输证号		车型		挂车牌号	
托运人		地址邮编		电话传真		装货地点							
收货人		地址邮编		电话传真		卸货地点							
货物名称及规格	包装形式	体积/cm³	件数	实际重量/t	计费重量/t	计费里程/km	货物等级	运价率	运费金额（元）	其他杂费（元）		报价、保险费（元）	
										费用	金额	费用	金额
										装卸费			
										过路费			
										过桥费			
合计													
货物运单签订地		结算方式		付款币种		计价单位		运杂费合计		万 千 百 拾 元 角 分			
特约事项													

托运人签章或运输合同编号：　　　　　　　承运人签章：　　　　　　　收货人签章：

年 月 日　　　　　　　　年 月 日　　　　　　　　年 月 日

表2-9 公路货物运单（乙种）

××公司公路货物运单

（××省内公路货物运单——乙种：适用于集装箱汽车运输）

编号：

起运日期： 年 月 日								
承运人		地址邮编		电话传真		车牌号	运输证号	挂车牌号
托运人		地址邮编		电话传真		装货地点		
收货人		地址邮编		电话传真		卸货地点		
集装箱箱型及数量		箱号		封志号		船名	车型	
箱内货物名称及规格	包装形式	体积/cm³	件数	实际重量/t	计费重量/t	计费里程/km	航次	
							场站货位	提空箱地	还空箱地
							货物等级	运价率	运费金额（元）	其他杂费（元）		报价、保险费（元）	货交接方式
										费用	金额	费用	金额
										装卸费			
										过路费			
										过桥费			
合计								运杂费合计		万 千 百 拾 元 角 分
货物运单签订地		结算方式		付款币种									
			计价单位										
			托运人签章或运输合同编号：				承运人签章：				收货人签章：		
			年 月 日				年 月 日				年 月 日		
特约事项													

表2-10 公路货物运单（丙种）

××公司公路货物运单
（××省内公路货物运单——丙种：适用于汽车零担货物运输）

起运日期： 年 月 日　　　　　　　　　　　　　　　经由：　　　　　　　　　　　　　　编号：

起运站：				到达站：		经由：		全程　km				
托运人		地址				电话				邮编		
收货人		地址				电话				邮编		
货物名称及规格	包装形式	体积/cm³	件数	实际重量/t	计费重量/t	计费里程/km	运价率[元/(kg·km)]	运费金额（元）	站务费（元）	装车费（元）	中转费（元）	仓储费（元）	路桥费（元）	保险、保价费（元）	货价（元）
保险、保价价格（元）															
合计															
									运杂费合计				万 千 百 拾 元 角 分		
货物运单签订地				起运日期　年 月 日											
				托运人签章或运输合同编号：		承运人签章：				收货人签章：					
特约事项				年　月　日		年　月　日				年　月　日					

任务实践活动

步骤一：准备空白运单。

根据任务展示背景，本次公路运输业务为零担运输，因此需要填写表2-10省内公路货物运单——丙种，准备相应的空白运单。

步骤二：查看公路托运单的填制要点。

然后，查看公路托运单的填制要点如下：

（1）一份运单填写一个托运人、收货人、起运站、到达站。如同一托运人的货物分别属于到达站的两个或两个以上收货人，则应分别填制运单。

（2）托运的货物虽属于同一个托运人、收货人，但托运多种货物，且其中有货物性质不相容时，也不能填制在同一张运单内。

（3）危险货物的托运应填制专门的危险货物运单，即红色运单。

（4）货物内容填制应完整、准确，如在同一张运单内托运多种品名的货物，则应分别注明货物的名称，不能用"等"之类的笼统字样。

（5）收、发货人的名称、地址应详细，以免发生错运。

（6）对货物件数、重量、体积、包装、标志等内容的描述应符合实际托运的货物。

（7）特殊货物的托运，应根据该货物的运输要求填制。

（8）内容准确完整，字迹清楚，不得涂改。如有涂改，应由托运人在涂改处盖章证明。

步骤三：填制货物运单。

根据运输的货物信息，完成单据的填制。

小贴士

填制托运单的注意事项

一

（1）认真审阅资料，厘清各部分资料之间的关系。

（2）一般其主脉络为：托运人信息—收货人信息—货物信息—增值服务信息—费用计算和结算方式—其他信息—审核、签名。

二

要注意运杂费计算项目不能有遗漏。

三

（1）按照托运单审核要求，认真审核托运单内容。

（2）由托运人签字确认。

步骤四：检查填写的运单。

检查运单的填写是否符合规范，是否有漏写信息等错误，无误后整理交给主管。

> **小贴士**
>
> 如何进行托运单的审核？
>
> 1. 托运单清洁性审核
>
> 对手工填写的托运单，要检查核对托运单各栏目有无涂改。对涂改不清的，应重新填写。
>
> 2. 托运单完整性审核
>
> 审核托运单各栏目填写是否完整；审核单位名称、收发货人及地址等信息填写是否完整。
>
> 3. 托运单准确性审核
>
> 审核到达站与收货人地址是否相符，以免误写；审核费用项目计算是否正确，填写是否准确；审核各时间栏目填写是否符合逻辑；对一批货物的多种包装应认真核对、详细记载，以免错提错交。
>
> 4. 托运单匹配性审核
>
> 审核托运单内填写的货物信息与货物实际是否相符；对货物的品名和性质进行鉴别，区别普通货物与笨重零担货物、普通货物与危险货物；审核笨重零担货物的长宽高能否适应公司零担货车的装卸及起运站、中转站、到达站的装卸能力；审核托运人在申明事项栏填写的内容，注意货主的要求是否符合规定，能否承担。

> **小案例**
>
> **货运单无签字产生纠纷**
>
> 2019年某商贸公司与某餐饮公司达成协议，由商贸公司为餐饮公司名下的两个门店配送食材，餐饮公司支付商贸公司食材费用及服务费。后商贸公司称餐饮公司自2019年10月1日至2020年1月31日起拒不支付食材费用及服务费，将餐饮公司诉至法院。
>
> 对此，餐饮公司辩称不同意商贸公司的诉讼请求。餐饮公司与商贸公司不存在任何债权债务关系，餐饮公司对商贸公司提供的证据真实性均不认可，其中很多单据并没有签收人签字，且部分单据有签字的人员不是餐饮公司员工，商贸公司与签字人员也互不认识。

法院经审理认为，商贸公司提交的部分送货单无人签字，部分送货单签字人为杨某、孙某、王某、靳某，但餐饮公司不认可送货单，也不认可上述人员为餐饮公司员工，商贸公司并未提交其他证据证明上述人员身份，法院对商贸公司依据送货单证明为餐饮公司送货的事实不予认定，驳回餐饮公司的全部诉讼请求。

律师建议：

在交易过程中，要对送货单据、合同等进行清理，完善送货单的内容，规范送货单凭据的填写。尤其是在送货之前，要与买方确认收货人的身份，证明收货人获得买方授权签收货物。收货人在货单上要签全名，加盖收货单位的公章。

任务评价

姓名		学号		专业		
活动名称		公路货物运单填制				
考核内容		考核标准	参考分值	学生自评	小组互评	教师评价	考核得分
素养评价	1	具有良好的沟通能力和团队合作精神	10				
	2	能利用网络快速准确搜集并总结有用信息	10				
知识评价	3	掌握公路货物运单的概念和特点	20				
	4	掌握公路货物运单的种类	10				
技能评价	5	能够描述公路货物运单的填制要点	20				
	6	能够准确填制公路货物运单	20				
	7	能够准确、流畅地完成任务	10				
		总分	100				

内化与提升

2023年9月25日，张蓝受理了天津美嘉食品有限公司的运输需求。客户运输需求信息详细情况如下：发货人为天津美嘉食品有限公司，地址为天津市和平区兴安路22号，委托人为马×，联系电话为1378273××××；收货人为太原家家爱食品有限公司，地址为太原市杏花岭区解放路52号，联系人为袁×，联系电话为1381154××××；货物为20箱食用油，每箱尺寸为0.5m×0.4m×0.5m、每箱重10kg，每箱价格为1000元，保价运输；运杂费标准为普通货物基础运价0.2元/（t·km），装卸费700元/t，单程空驶损失费为运费的30%，保价费为货物价值的4‰。

请根据以上信息填制公路货物运单。

任务四　公路货物运费核算

任务背景

2023年9月，好盟公司近期与大客户天津美誉科技有限公司（简称美誉科技）签订了第三方物流服务合同。其中，好盟公司承揽的运输业务内容如图2-19所示。

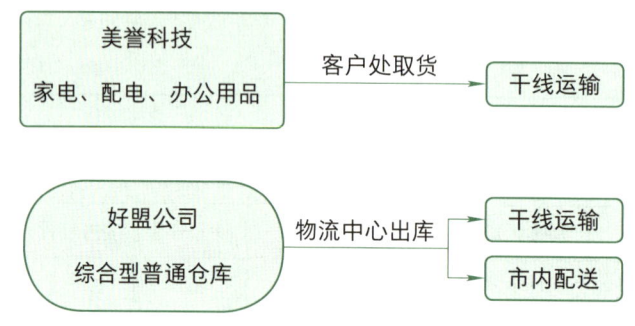

图2-19　运输业务

9月5日上午，好盟公司就接到该客户签字盖章的传真。该运输指令的具体内容如图2-20所示。

发货通知单

To：好盟物流有限公司

我公司有一批家电需从天津工厂发往西安，具体信息如下表所示。

序号	商品名称	数量	单位	重量/t	体积/m³	到货日期
1	洗衣机	50	箱	8	20	2023-9-8

收货单位：	西安美化科技有限公司
收货地址：	西安市雁塔区旺座C楼102室　邮编710004
联系人：	刘×立
电话：	029-8451××××，1341107××××，传真029-8230××××

急需发运！收到请回复！

　　　　　　　　　　　　　　　　　　　　　From：天津美誉科技有限公司　王媛
　　　　　　　　　　　　　　　　　　　　　022-5078××××　　　　1378273××××
　　　　　　　　　　　　　　　　　　　　　天津市红桥区111号
　　　　　　　　　　　　　　　　　　　　　邮编300000
　　　　　　　　　　　　　　　　　　　　　传真022-1555××××

说明：客户要求自提、自送。返运单作为回单。

图2-20　发货通知单

好盟公司根据运输的产品数量、性质，决定采用整车运输。好盟公司与客户美誉科技的运费按照合同规定计算，整车运输吨次费为20元/t，经过双方商议杂费2000元。

李琦将这项任务交给张蓝等人，希望借此全面掌握公路运输，张蓝等人应怎么计算？

学习目标

知识目标

1. 掌握公路运费计价标准。
2. 掌握公路运输的其他费用。

能力目标

1. 能够写出公路运费的计算公式。
2. 能够完成公路货物运费的计算。

素养目标

1. 培养良好的沟通能力和团队合作精神。
2. 培养能利用网络快速准确搜集并总结有用信息。

知识储备

一、公路运输费用

公路运费费率分为整车（FCL）和零担（LCL）两种，后者一般比前者高30%～50%。按我国公路运输部门规定，一次托运货物在3t以上的为整车运输，适用整车费率；不满3t的为零担运输，适用零担费率。凡1kg重的货物，体积超过3dm³的为轻泡货物或尺码货物。整车轻泡货物的运费按装载车辆核定吨位计算；零担轻泡货物，按其长、宽、高计算体积、每3立方分米货物折合1kg（即每立方米货物折合333kg），以kg为计费单位。此外，尚有包车费率，即按车辆使用时间（小时或天）计算。

零担货物运输运费计算

二、计费重量

在公路货物运输中，通常可以根据积载因数（积载因数是指每吨货物在货船中正常堆积时所占的空间）把货物分为重货和轻货两种。如果积载因数每吨小于或等于3m³，那么该货物就为重货，按照货物毛重（实际重量）核收运费；如果积载因数大于3m³/t，那么该货物就为轻货（有时也叫泡货或轻泡货），则按照体积折算成计费重量核收运费，折算公式为

$$体积重量（kg）=长（cm）×宽（cm）×高（cm）÷3000（cm^3/kg）$$

一般情况下，将货物的毛重（实际重量W）与体积重量（M）进行对比，选择数值大的结果作为计费重量，这种做法也叫"择大计收"原则。

> **练一练**
>
> 有A、B两种货物。A的实际重量为30kg，长、宽、高分别为60cm、50cm、40cm；B的实际重量为200kg，长、宽、高分别为70cm、60cm、70cm。请确定A、B两种货物的计费重量。
>
> 解：货物A：
>
> 实际重量W=30kg，体积重量M=60cm×50cm×40cm÷3000（cm³/kg）=40kg
>
> 因为体积重量比实际重量大，所以，选择体积重量40kg作为货物A的计费重量。
>
> 货物B：
>
> 实际重量W=200kg，体积重量M=70cm×60cm×70cm÷3000（cm³/kg）=98kg
>
> 因为实际重量比体积重量大，所以，选择实际重量200kg作为货物B的计费重量。

三、公路运费计价标准

公路运费计价标准见表2-11。

表2-11 公路运费计价标准

运输分类	计量单位	重量确定	计价里程
整批运输	元/(t·km)	吨以下计至100kg；尾数不足100kg的，四舍五入	尾数不足1km的，进整为1km
零担运输	元/(kg·km)	起码计费重量为1kg，重量在1kg以上、尾数不足1kg的，四舍五入；轻泡货物以货物包装最长、最宽、最高部位尺寸计算体积，按每立方米折合333kg计算重量	
集装箱运输	元/箱	—	
计时包车运输	元/(t·h)	按车辆的标记吨位计算。包车货运计费时间以小时为单位。起码计费时间为4h；使用时间超过4h，按实际包用时间计算。整日包车，每日按8h计算；使用时间超过8h，按实际使用时间计算。时间尾数不足半小时舍去，达到半小时进整为1h	
备注	—	一般货物按毛重计算；散装货物按体积由各省、自治区、直辖市统一规定重量换算标准计算重量	

四、公路运费计算公式

公路运费计算公式见表2-12。

表2-12　公路运费计算公式

运输形式	计算公式
整车运输	整批货物运费（元）=吨次费（元/t）×计费重量（t）+整批货物运价[元/（t·km）]×计费重量（t）×计费里程（km）+货物运输其他费用（元）
零担运输	零担货物运费（元）=计费重量（kg）×计费里程（km）×零担货物运价[元/（kg·km）]+货物运输其他费用（元）
集装箱运输	重（空）集装箱运费（元）=重（空）箱运价[元/（箱·km）]×计费箱数（箱）×计费里程（km）+箱次费（元/箱）×计费箱数（箱）+货物运输其他费用（元）
计时包车	包车运费（元）=包车运价[元/（t·h）]×包用车辆吨位（t）×计费时间（h）+货物运输其他费用（元）

五、其他费用

公路其他费用介绍见表2-13。

表2-13　公路其他费用介绍

其他费用	主要内容
调车费	应托运人要求，车辆调往外省、自治区、直辖市或调离驻地临时外出驻点参加营运，调车往返空驶者，可按全程往返空驶里程、车辆标记吨位和调出省基本运价的50%计收调车费
延滞费	（1）发生下列情况，应按计时运价的40%核收延滞费： 1）因托运人或收货人责任引起的超过装卸时间定额 2）应托运人要求运输特种或专项货物需要对车辆设备改装、拆卸和清理延误的时间 3）因托运人或收货人造成不能及时装箱、卸箱、掏箱、拆箱、冷藏箱预冷等 （2）由托运人或收、发货人责任造成的车辆在国外停留延滞时间，延滞费按计时包车运价的60%~80%核收 （3）因承运人责任引起货物运输期限延误，应根据合同规定，按延滞费标准，由承运人向托运人支付违约金
装货（箱）落空损失费	应托运人要求，车辆开至约定地点装货（箱）落空造成的往返空驶里程，按其运价的50%计收装货（箱）落空损失费
道路阻塞停运费	汽车货物运输过程中，如发生自然灾害等不可抗力造成的道路阻滞，无法完成全程运输，需要就近卸存、接运时，卸存、接运费用由托运人负担。已完运程收取运费；未完运程不收运费；托运人要求回运，回程运费减半；应托运人要求绕道行驶或改变到达地点时，运费按实际行驶里程核收
车辆处置费	应托运人要求，运输特种货物、非标准箱等需要对车辆改装、拆卸和清理所发生的工料费用，均由托运人负担
车辆通行费	车辆通过收费公路、渡口、桥梁、隧道等发生的收费，均由托运人负担
运输变更手续费	托运人要求取消或变更货物托运手续，应核收变更手续费；因变更运输，承运人已发生的有关费用，应由托运人负担

六、公路运费计算步骤

公路运费计算步骤如图2-21所示。

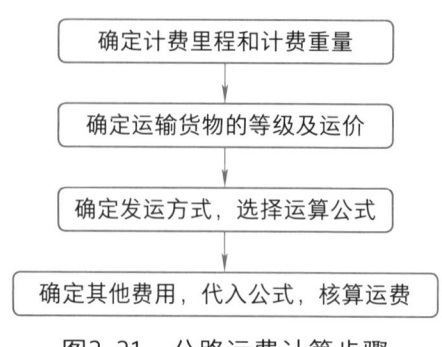

图2-21 公路运费计算步骤

任务实践活动

步骤一：确定计费里程和计费重量。

计费里程就是计算发站至到站的运价里程。通过查询"货物运价里程表"，确定计费里程为天津到西安2668km；洗衣机不属于轻泡货，计费重量为8t。

步骤二：确定运输货物的等级。

公路部分普通货物运价表见表2-14。通过查阅，确定运输货物的等级。

表2-14 公路部分普通货物运价表

等级	名称
一等货物	砂、石、非金属矿石、土、渣
二等货物	煤、粮食及加工品、棉花、麻、油料作物、烟叶、蔬菜瓜果、植物油、植物的种子、草、藤、树条、蚕、茧、肥料、农药、糖、肉、油脂及制品、水产品、皮毛、塑料、日用百货、棉麻制品、药材、纸、纸浆、文化体育用品、印刷品、木材、橡胶、可塑材料及制品、水泥及其制品、钢材、有色金属及其制品、矿物性建筑材料、金属矿石、焦炭、原煤加工品、盐、泥、灰、废品及散碎品、空包装容器、其他（未列入表中的其他货物）
三等货物	蜂、观赏花、木、蛋、乳、干菜、干果、橡胶制品、颜料、染料、食用香精、树胶、木蜡、化妆品、木材加工品、家具、交电器材、毛、丝、呢绒、化纤、皮革制品、烟、酒、饮料、茶、糖果、糕点、淀粉、冰及冰制品、中西药品、医疗器具、贵重纸张、文娱用品、美术工艺品、陶瓷、玻璃及其制品、机器及设备、车辆、污染品、粉尘品、装饰石料、带釉建筑用品
危险货物	汽油、柴油、雷管、炸药、导火线、纱包线、母线

注：未列入表内的其他货物，可参照同类货物的分类。

通过查阅，确定洗衣机属于三等普通货物。

注意事项：普通货物实行分等计价，以一等货物为基础，二等货物加成15%，三等货物加成30%。

步骤三：确定货物运输的运价。

根据公路汽车普通货物运价表（见表2-15），确定货物运价。

表2-15 公路汽车普通货物运价表　　　[单位：元/(t·km)]

货物分类运距/km	一等货物	二等货物	三等货物	危险货物
1	1.710	1.967	2.223	2.565
2	1.200	1.380	1.560	1.800
3	1.100	1.265	1.430	1.650
4	0.890	1.024	1.157	1.335
5	0.840	0.966	1.092	1.260
6	0.800	0.920	1.040	1.200
7	0.780	0.897	1.014	1.170
8	0.760	0.874	0.988	1.140
9	0.740	0.851	0.962	1.110
10	0.720	0.828	0.936	1.080
11	0.700	0.805	0.910	1.050
12	0.680	0.782	0.884	1.020
13	0.660	0.759	0.858	0.990
14	0.640	0.736	0.832	0.960
15	0.620	0.713	0.806	0.930
16	0.600	0.690	0.780	0.900
17	0.580	0.667	0.754	0.870
18	0.560	0.644	0.728	0.840
19	0.540	0.621	0.702	0.810
20	0.520	0.598	0.676	0.780
21	0.500	0.575	0.650	0.750
22	0.480	0.552	0.624	0.720
23	0.460	0.529	0.598	0.690
24	0.440	0.506	0.572	0.660
25	0.420	0.460	0.546	0.630
26	0.400	0.483	0.520	0.600
27	0.380	0.437	0.494	0.570
28	0.360	0.414	0.468	0.540
29	0.340	0.391	0.442	0.510
30	0.320	0.368	0.416	0.480
30以上	0.310	0.360	0.400	0.470

查阅"公路普通货物运价表"，30km运距以上三等货物的运价为0.4元/(t·km)。

步骤四：计算运费。

代入相应的计算公式，计算基本运费：

整批货物运费（元）=吨次费（元/t）×计费重量（t）+整批货物运价[元/（t·km）]×计费重量（t）×计费里程（km）+货物运输其他费用（元）

整车运输基本运费=20元/t×8t+0.4[元/（t·km）]×8t×2268km=7417.6元。

步骤五：确定运输其他费用。

综合考虑当地的燃油费、高速公路过路费、驾驶员劳务费、保险费等杂费，最后得到运杂费总额。

根据题目得知，这次运输商定的杂费为2000元。

步骤六：求运输的总费用。

$$总费用=7417.6元+2000元=9417.6元$$

任务评价

姓名		学号		专业			
活动名称		公路货物运费核算					
考核内容		考核标准	参考分值	学生自评	小组互评	教师评价	考核得分
素养评价	1	具有良好的沟通能力和团队合作精神	10				
	2	能利用网络快速准确搜集并总结有用信息	10				
知识评价	3	掌握公路运费计价标准	15				
	4	掌握公路运输的其他费用	15				
技能评价	5	能够写出公路运费的计算公式	20				
	6	能够完成公路货物运费的计算	20				
	7	能够准确、流畅地完成任务	10				
总分			100				

内化与提升

好盟公司营业部接到客户李女士的托运要求，将一批教学用具送到山东大学。货物具体情况如下：

（1）粉笔：纸箱包装，体积为50cm×30cm×40cm，每箱毛重15kg，共计200箱。

（2）扩音器：纸箱包装，体积为40cm×30cm×50cm，每箱毛重20kg，共计100箱。

（3）黑板擦：纸箱包装，体积为30cm×20cm×20cm，每箱毛重10kg，共计100箱。

已知该批运输里程为500km，吨次费为10元/t，教学用具运价为10元/（t·km），收取杂费100元。请核算该批货物的运输费用。

巩固提高

一、单项选择题

1. 不属于公路运输特点的是（　　）。
   A. 受天气影响较大　　　　B. 比较灵活
   C. 运量小　　　　　　　　D. 运费高

2. 以中间人身份一面向货主揽货，一面向运输公司托运，借此收取手续费用和佣金的经营方式是（　　）。
   A. 公共运输业　　　　　　B. 契约运输业
   C. 自用运输业　　　　　　D. 汽车货运代理

3. 丙种运单适用于（　　）运输。
   A. 普通货物　　B. 危险品货物　　C. 零担货物　　D. 集装箱

4. "运费=计费里程×计费重量×运价率×（1+加成率）"是（　　）运费的计算方法。
   A. 整车货物　　B. 零担货物　　C. 包车货物　　D. 专线货物

5. 在公路货物运输作业中，需要"填写托运单"的作业环节是（　　）。
   A. 受理托运作业　　　　　B. 过磅量方作业
   C. 开票收费作业　　　　　D. 验收入库作业

6. （　　）所需固定设施简单，车辆购置费用一般也比较低，因此，投资兴办容易，投资回收期短。
   A. 航空运输　　B. 铁路运输　　C. 水路运输　　D. 公路运输

7. 公路货运中，一批货物打包后体积是70cm×60cm×60cm，该货物的体积重量是（　　）。
   A. 24kg　　B. 48kg　　C. 84kg　　D. 128kg

8. 公路货运中，托运50箱计算机配件，每箱50cm×30cm×40cm，20kg/箱，该货物的计费重量是（　　）。
   A. 600kg　　B. 800kg　　C. 900kg　　D. 1000kg

二、多项选择题

1. 公路货运经营方式有（　　　）。
   A. 公共运输业　　　　　　　　B. 契约运输业
   C. 自用运输业　　　　　　　　D. 汽车货运代理
2. 公路货物运单主要有（　　　）。
   A. 甲种　　　　B. 乙种　　　　C. 丙种　　　　D. 丁种
3. 公路运输计价方式有（　　　）。
   A. 整车货物基本运价　　　　　B. 包车运价
   C. 集装箱运价　　　　　　　　D. 零担货物基本运价
4. 公共运输经营形式包括（　　　）。
   A. 定期不定线　　　　　　　　B. 定期定线
   C. 定线不定期　　　　　　　　D. 定区不定期
5. 公路货物运输其他费用包括（　　　）。
   A. 调车费　　B. 延滞费　　C. 车辆处置费　　D. 通行费
6. 公路运输的运费计算包括确定（　　　）。
   A. 基本运价　　B. 计费重量　　C. 计费里程　　D. 运杂费

三、判断题

1. 实现"门到门"直达运输是其他运输方式与公路运输无法比拟的特点之一。
（　　）
2. 甲种运单适用于集装箱运输。（　　）
3. 乙种公路货物运单与汽车零担货物交接清单配套使用。（　　）
4. 公路运费费率分为整车（FCL）和零担（LCL）两种，前者一般比后者高30%～50%。（　　）
5. 一般货物将净重作为计费重量。（　　）
6. 凡是一条运输路线包含两种或两种以上的等级公路时，则以实际行驶里程分别计算运价。（　　）
7. 公路整批货物的托运单一般由托运人填写，也可以委托他人填写。（　　）
8. 公路托运单可用铅笔填写。（　　）
9. 公路整车运输是指托运人一次托运一批货物计费重量在3t或3t以下。
（　　）

10. 收货人在货物运输合同中，将货物托付承运人按照合同约定的时间运送到指定地点，向承运人支付相应报酬的单位或个人。（ ）

四、简答题

1. 公路运输的优缺点分别是什么？
2. 公路运输计费重量如何确定？
3. 公路货物运单的作用是什么？

五、计算题

1. 好盟公司的张明接到新订单，客户要求运送一批陶瓷，重5341kg。根据公司公布的一等普通货物运价率为1.2元/（t·km），吨次费为15元/t，该批货物运输距离为60km，陶瓷为三等货物普通货物，计价加成30%，途中通行费为50元。张明按照公路运输的计费要求进行了核算，并且准确、及时地传报给客户，令客户感到满意。张明是如何做的呢？

2. 某商场托运两箱毛绒玩具，每箱规格为100cm×80cm×60cm，毛重185.3kg。该货物运价率为0.003元/（kg·km），运输距离为150km，需要支付多少运费？

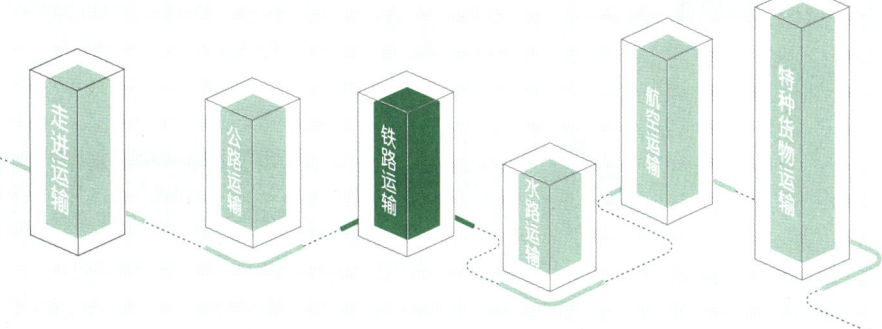

模块三
铁路运输

> **知识导图**

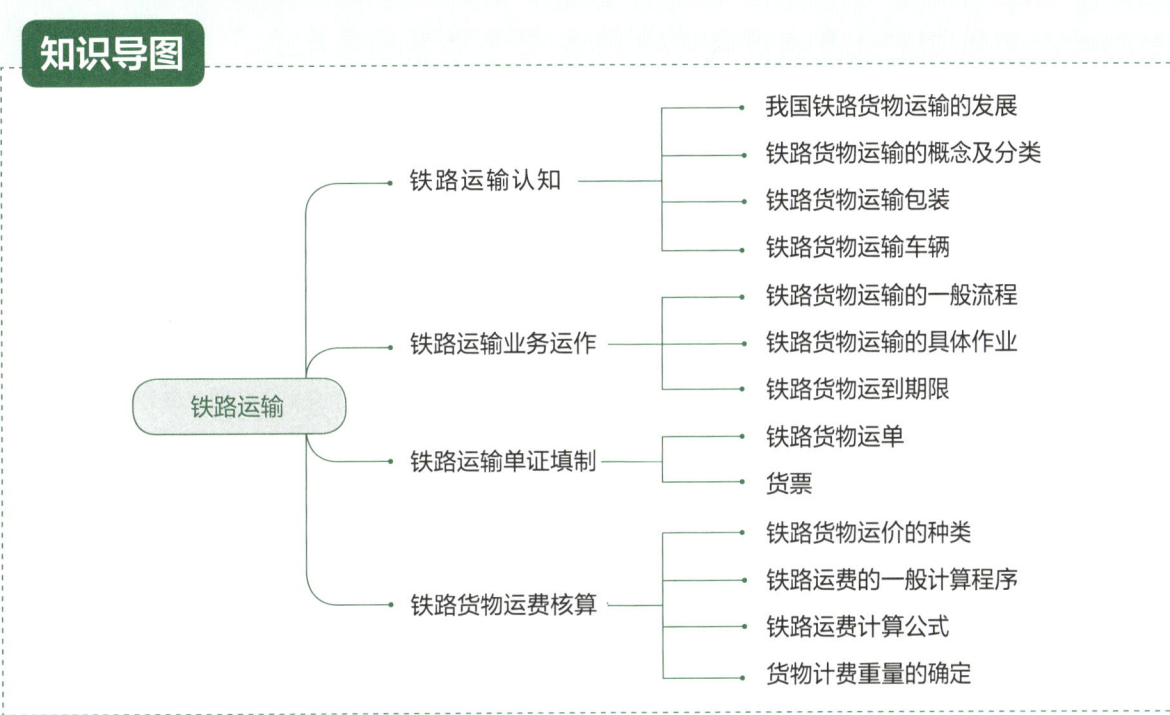

> **模块简介**

　　铁路运输是一种高效、安全、大容量的运输方式，对国家经济发展和人民生活有着重要的作用。在我国，铁路运输发展迅速，铁路网日益完善，为经济社会发展提供了强有力的支撑。学习铁路运输相关知识、掌握铁路运输流程、熟悉铁路运输相关单证的填制及铁路运费的计算等技能，对于从事相关行业的人员来说非常重要。这些知识和技能可以帮助他们更好地理解和参与铁路运输工作，提高工作效率，确保铁路运输的顺利进行。

任务一　铁路运输认知

任务背景

2023年10月10日，天津好盟公司接到美莱瓷器公司张经理的托运请求，需要从江西景德镇运一批瓷器到广东佛山。为了节省成本，张经理希望好盟公司采取铁路运输的方式先将这批瓷器运到广州东站货运场，景德镇火车货运站场—广州东站货场的运价里程为1300km，要求在20天内运到。该批货物分别为陶瓷花瓶10000件、瓷碟10000件，其中陶瓷花瓶毛重20000kg、瓷碟毛重10000kg。部门主管李琦要求张蓝所在组完成此批货物的运输作业，张蓝与其同事应怎样完成任务呢？

铁路运输的认知

学习目标

知识目标

1. 认识铁路货物运输的发展历史及相关概念。
2. 了解铁路货物运输方式。
3. 熟悉铁路货物运输车辆。

能力目标

1. 能够总结分析铁路货物运输的特点。
2. 能够根据情况选择铁路货物运输方式和车辆。

素养目标

1. 培养家国情怀，树立民族自豪感。
2. 培养自主探究的学习能力和沟通协作的团队精神。
3. 培养职业素养和安全意识。

知识储备

一、我国铁路货物运输的发展

我国铁路货物运输的发展经历了以下几个阶段：

1. 初期发展（1949年—1978年）

新中国成立初期，我国铁路货运业由于基础薄弱、运力有限，主要运输农副产品和重要原材料。

2. 改革开放初期（1978年—1990年）

随着改革开放的推进，我国铁路货运业开始进行改革，引进了先进的技术和管理经验，货运量逐渐增加，运输品种和范围也扩大。

3. 进一步发展（1990年—2008年）

我国铁路货物运输进一步发展，建立了全国统一的货运管理体系，增加了运输线路并提高了运输能力，货运量和运输效率大幅提升。

4. 高速增长（2008年至今）

我国铁路货物运输近年来取得了快速增长，随着高铁建设的推进和运输设施的改善，铁路货物运输的速度、效率和可靠性得到了显著提升。

目前，我国铁路货物运输已经形成了较为完善的网络体系，覆盖全国各地，主要运输品种包括煤炭、矿石、钢材、粮食等大宗货物。同时，我国铁路还积极发展冷链物流、集装箱运输等新兴业务，提供更加多样化的运输服务。

未来，我国铁路货物运输将继续加大发展力度，提高运输能力和效率，推动物流体系的现代化建设，为国家经济发展和社会繁荣做出更大贡献。

小故事

伟大的爱国工程师——詹天佑

詹天佑（1861—1919）是中国近代著名铁路工程师，他主持修建了中国第一条自主设计并建造的铁路——京张铁路。京张铁路是连接中国首都北京和河北省张家口市的一条重要铁路线。该线路全长218km，修建于1905年—1909年之间。修建该铁路的初衷是解决当时中国北方地区的交通问题，促进经济发展和军事防御。

詹天佑担任京张铁路的总工程师，他在铁路修建过程中面临许多困难和挑战。由于地形复杂，包括过山、穿隧、越河等工程难题，以及当时技术和设备的限制，修建过程非常艰辛。但詹天佑带领团队克服了各种困难，最终成功完成了中国第一条自主修建的铁路——京张铁路，揭开了中国铁路史上的光辉一页，大大鼓舞了中国人民的自信心。

詹天佑
（1861—1919）

京张铁路的建成对中国的铁路运输发展起到了重要的推动作用。它不仅改善了当地的交通状况，而且促进了经济的发展，提升了中国的现代化水平。同时，京张铁路也标志着中国铁路建设的开端，为后来的铁路建设奠定了基础。因此，詹天佑被誉为"中国铁路之父"。

二、铁路货物运输的概念及分类

铁路货物运输是现代运输的主要方式之一，也是构成陆上货物运输的基本运输方式之一，在国际货运中的地位仅次于海洋运输。铁路运输与海洋运输相比，一般不易受气候条件的影响，可保障全年正常运行，具有高度的连续性。

铁路货物运输种类即铁路货物运输方式，按我国铁路技术条件，现行的铁路货物运输种类可分为整车运输、零担运输、集装箱运输三种。

1. 整车运输

整车运输（见图3-1）是指将货物直接装载到整个货车中进行运输。这种运输方式适用于货物量较大、体积较大或需要保持整体完整性的货物，如煤炭、矿石、钢材等大宗货物。

图3-1　整车运输

2. 零担运输

零担运输（见图3-2）是指将货物分拆成小批次或单个货物进行运输。这种运输方式适用于货物量较小、体积较小或需要分拆分配的货物，如零售商品、生活用品等。

图3-2　零担运输

3. 集装箱运输

集装箱运输（见图3-3）是指将货物装载到标准化的集装箱中进行运输。这种运输方式具有方便快捷、高效安全的特点，适用于各种类型的货物，如工业产品、消费品等。集装箱运输也是国际贸易中常用的运输方式。

图3-3　集装箱运输

我国铁路货物运输在这三种运输方式上都有相应的服务和设施。整车运输可以提供专门的货车和装卸设备；零担运输可以通过货运站进行集中配送；集装箱运输则有专门的集装箱列车和集装箱场站。

随着我国铁路货物运输的发展，各种运输方式之间的衔接和互联互通也得到了加强，以提高运输效率和服务质量。同时，我国铁路还积极推动运输方式的多样化，如与公路、水路等进行联运，提供更便捷的综合运输服务。

三、铁路货物运输包装

铁路货物运输包装是铁路要求托运人应根据货物的性质、重量、运输种类、运输距离、气候、堆码及货车装载等条件，使用符合运输要求、便于装卸和保证货物安全的运输包装。它是保证铁路运输安全、提高运输质量的重要基础。

铁路运输货物包装应符合国家包装标准或行业包装标准的规定。不符合包装标准时，应由托运人改善后承运。暂无包装标准的，经托运人要求与承运人在保证运输安全的基础上，可商定包装条件，并签订"试运包装协议"组织试运。对不符合包装标准的货物，不得签注"免责特约"。货物有缺陷，经发站检查认为不致影响运输安全（货物自身安全和其他货物安全）的，可在货物运单"托运记载事项"栏内注明货物的具体情况。

货物标记（货签）应使用铁路规定的格式，按其规定内容正确填记。标记应牢固粘贴、钉固或拴挂在货件上，大件和笨重货物也可采取直接在货件上书写的方法。

零担货物的货签应使用坚韧的材质制作，货签内容、规格必须符合铁路统一的格式。每件货物使用2枚货签，分别粘贴、钉固于包装的两端；不宜粘贴或钉固时，可使用拴挂的方法。货件上原有的与本批货物无关的旧货签、旧标志，托运人必须将其撤除或抹消。

常见的铁路运输货物包装方式有散装运输和集装运输两种。

1. 散装运输

散装运输是将货物直接装载到铁路货车上，而不经过包装。它适用于一些散装货物，如煤炭、矿石等（见图3-4）。

图3-4　散装运输

2. 集装运输

集装运输是利用铁路运输工具和设施将货物装载在标准化的集装单元中，使货物的装卸、搬运、堆放等作业变得更加便捷，提高了运输效率和安全性。常见的铁路集装运输包装方式有袋装运输、箱装运输、托盘运输、集装箱运输等（见图3-5）。

a）袋装运输　　　　　　　　　　　　　　b）集装箱运输

c）托盘运输　　　　　　　　　　　　　　d）箱装运输

图3-5　集装运输

四、铁路货物运输车辆

1. 棚车

棚车（见图3-6）是在铁路货运中使用的一种具有车顶和车壁的货车，基本型号为P，通常用于运输粮食、化肥、日用工业品及贵重仪器设备等一些怕日晒、雨淋、雪侵的货物。

2. 敞车

敞车（见图3-7）是没有车顶和车门的铁路货车，基本型号为C，通常用于运输大宗散装货物，如煤、矿石、木材等，也可用来运送小型机械设备。敞车的结构简单，装卸货物方便，但货物容易受到天气和外界环境的影响，需要采取相应的措施予以保护。

图3-6 棚车

图3-7 敞车

3. 平车

平车（见图3-8）通常由平台和轮子组成，没有侧壁和车顶，基本型号为N，主要用来运送钢材、木材、砂石、汽车、农用机械、军用车辆、机械设备及集装箱等货物，还可装运钢轨、预制梁等特殊长大货物和需跨装运输的一般超长货物，装有活动侧墙板的铁路平车也可用来装运矿石、沙土、石碴等散装货物。铁路平车按其结构和用途可以分为一般平车、通用平车、集装箱专用平车、平车—集装箱共用车、长大平车和特种平车等，另外还有少量用于运输小汽车的两层平车。

图3-8 平车

4. 罐车

罐车（见图3-9）车体呈罐形，基本型号为G，用来运输各种液体、液化气体和粉末状货物等。

5. 保温车

保温车（见图3-10）是一种专门设计用于在铁路上运输易受温度影响的货物的铁路货车，通常具有保温层和密封装置，用于保持货物的温度稳定，以防止其受到外部温度变化的影响，基本型号为B，通常用于运输食品、化学品和其他需要特定温度条件的货物。

图3-9　罐车

图3-10　保温车

✕ 任务实践活动

请以小组为单位，3～5人一组，按照步骤要求，帮助张蓝完成任务。

步骤一：对比分析铁路运输方式的特点。

请根据所学知识，针对张蓝工作任务中的货物信息进行小组讨论，并完成表3-1中的内容。

表3-1　发运货物信息

货物数量	
重量	
体积	
对货物描述	
选择发运方式	□整车运输　　□零担运输　　□集装箱运输

步骤二：选择运输车辆。

请小组成员根据张蓝任务中的货物信息和本节所学知识，分析案例中货物的特点，合理选择铁路运输车辆。

任务评价

姓名			学号		专业		
活动名称				铁路运输认知			
考核内容		考核标准	参考分值	学生自评	小组互评	教师评价	考核得分
素养评价	1	具有良好的沟通能力和团队合作精神	5				
	2	具有自主探究学习和总结分析的职业素养	5				
	3	具有家国情怀和民族自豪感	10				
知识评价	4	熟悉铁路货物运输的概念	10				
	5	掌握铁路货物运输方式	10				
	6	了解铁路货物运输车辆	10				
技能评价	7	认识铁路货物运输包装的特点	15				
	8	能够根据实际情况选择铁路货物运输方式	15				
	9	能够根据情况选择铁路货物运输车辆	20				
总分			100				

内化与提升

1. 米轨铁路

米轨铁路是一种铁路轨距，即轨道两条钢轨之间的距离，通常为1000mm（1m）。米轨铁路在世界各地都有应用，包括一些欧洲国家、非洲国家以及南美国家。米轨铁路通常用于城市轻轨系统、地铁系统以及一些小型铁路系统。与标准轨距（1435mm）和宽轨距（1676mm）相比，米轨铁路的优势在于更适合狭窄的城市街道和更便于在有限空间内建设。然而，由于轨距较窄，米轨铁路通常无法承载重载货物列车。

2. 标准轨距铁路

标准轨距铁路通常被称为"标准轨道"（Standard Gauge），而不是"标准铁路"。标准轨距是指两条铁轨之间的距离是1435mm。这是世界上最常见的铁路轨距，被广泛用于许多国家的铁路系统中。

3. 宽轨铁路

宽轨铁路通常是指轨距大于标准轨距（1435mm）的铁路系统，其在俄罗斯、印度、蒙古等国家的铁路系统中被广泛采用。

任务二　铁路运输业务运作

任务背景

2023年10月13日，好盟公司营业部接到客户张女士的托运要求，要求将50t玉米运到湖南的惠丰养殖场，运输过程中避免雨淋。部门主管李琦要求张蓝所在组完成此批货物的运输作业。张蓝与其同事应怎样完成任务呢？

学习目标

知识目标

1. 熟悉铁路运输的一般流程。
2. 掌握铁路货物运到期限的计算方法。
3. 熟悉铁路运输发送作业、途中作业和到达作业的工作流程。

能力目标

1. 能够熟练掌握发送作业、途中作业和到达作业的工作流程。
2. 能够根据任务背景计算货物运到期限。

素养目标

1. 培养认真负责、一丝不苟的工作精神。
2. 培养自主探究的学习能力和沟通协作的团队精神。
3. 培养安全意识和良好的职业行为规范。

知识储备

一、铁路货物运输的一般流程

铁路货物运输的一般流程如图3-11所示。

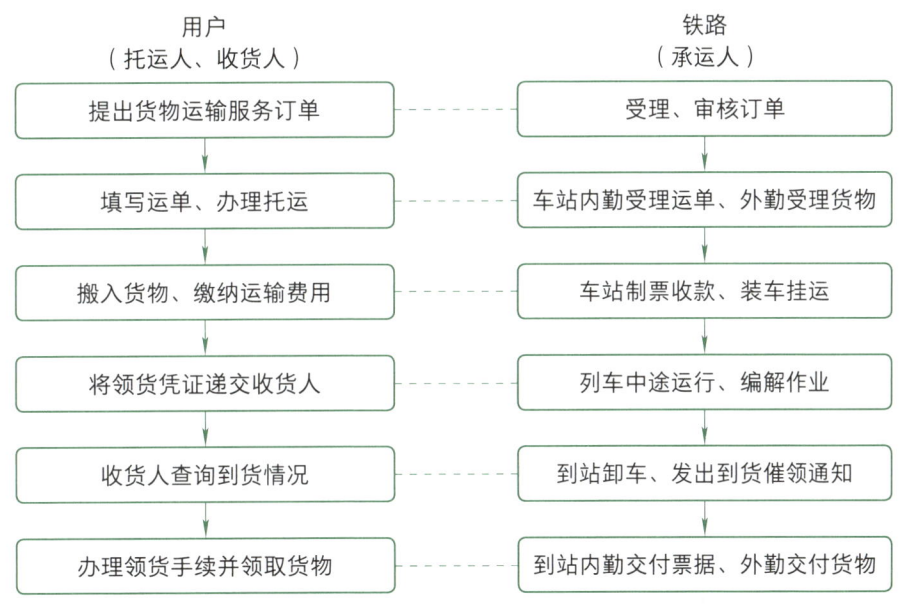

图3-11　铁路货物运输的一般流程

二、铁路货物运输的具体作业

铁路货物运输的具体作业包括发送作业、途中作业和到达作业。

1. 发送作业

发送作业的主要工作有托运、受理、进货、验收、制票、承运、装车等。发送作业流程如图3-12所示。

图3-12 发送作业流程

（1）货物的托运、受理。

1）托运。托运人向承运人提出货物运单和运输要求，称为货物的托运。所托运的货物应符合一批的要求，不得将不能按一批托运的货物作为一批托运。

托运人向承运人交运货物，应向车站按批提出货物运单一份。托运人向车站提出货物运单，即说明其向铁路详细而正确地提出了书面申请，并愿意遵守铁路货物运输的有关规定，履行义务，且货物已准备就绪，随时可以移交承运人。

2）受理。车站对托运人提出的货物运单，经审查符合运输要求，在货物运单上签上货物搬入或装车日期后，即为受理。

（2）进货与验货。

1）进货。托运人凭车站签证后的货物运单，按指定日期将货物搬入货场指定的货位，即为进货。

托运人进货时，应根据货物运单核对是否符合签证上的搬入日期，品名与现货是否相符等。经检查无误后，方准搬入货场。

2）验货。进货验收是为了保证货物运输安全、完整，以及划清承运人与托运人之间的责任，避免因检查疏忽使不符合运输要求的货物进入运输过程，造成或扩大货物的损失。

检查的内容主要有以下几项：

① 货物的名称、件数是否与货物运单的记载相符。

② 货物的状态是否良好。

③ 货物的运输包装和标记及加固材料是否符合规定。托运人托运货物，应根据货物的性质、重量、运输种类、运输距离、气候以及货车装载等条件，使用符合运输要求、便于装卸和保证货物安全的运输包装。

④ 货物的标记（货签）是否齐全、正确。

⑤ 货件上的旧标记是否被撤换或抹消。

⑥装载整车货物所需要的货车装备物品或加固材料是否齐备。

（3）货物的件数、重量。在铁路运输过程中，保证货物的件数和重量的完整是承运人必须履行的义务。因此，铁路明确规定了确定货物件数和重量的范围。

按整车运输的货物原则上按件数和重量承运，但有些非成件货物或一批货物件数过多而且规格不同，在承运、装卸、交接和交付时，点件费时、费力，只能按重量承运，不再计算件数。只按重量承运，不计算件数的货物有以下类型：

1）散堆装货物。

2）以整车运输的规格相同（规格在3种以内视为规格相同）的货物件数超过2000件。

3）规格不同、一批数量超过1600件的成件货物。

整车货物与集装箱货物由托运人确定重量；零担货物除标准重量、标记重量或有过秤清单及一件重量超过车站衡器最大称量的货物外，由承运人确定重量，并核收过秤费。

（4）货票。整车货物装车后（零担货物过秤后，集装箱货物装箱后），货运员将签收的运单移交货运室填制货票，核收运杂费。

（5）货物的承运。

1）承运前保管。托运人将货物搬入车站，经验收完毕后，一般不能立即装车，需在货场内存放，这就产生了承运前保管的问题。

整车货物，发站实行承运前保管的，从收货完毕填发收货证起，即负承运前保管责任；零担货物和集装箱运输的货物，车站从收货完毕时，即负承运前保管责任。

2）承运。零担货物和集装箱运输的货物由发站接收完毕，整车货物装车完毕，发站在货物运单上加盖车站日期戳时起，即为承运。承运是货物运输合同的成立，从承运起，承、托双方就要分别履行运输合同的权利、义务和责任。因此，承运意味着铁路负责运输的开始，是承运人与托运人划分责任的时间界线，同时标志着货物正式进入运输过程。

（6）标打标志、标签。在储运过程中，有特殊要求的货物应在包装上标打包装储运图示标志；对于危险货物，还应在包装上按规定标打危险货物包装标志；对于零担货物，还应在包装上标打货物标签，标签上填写的内容必须与运单相应内容一致。

（7）货物的装车作业。

1）装卸车责任的划分。货物装车或卸车的组织工作，在车站公共装卸场所内由承运人负责。有些货物虽在车站公共装卸场所内进行装卸作业，但由于在装卸作业中需要特殊的技术、设备、工具，仍由托运人或收货人负责组织。

2）托运人、收货人装卸的范围。在车站公共装卸场所以外进行的装卸作业，装车由托运人负责，卸车由收货人负责。此外，前述性质特殊的货物，在车站公共场所内装卸也由托运人或收货人负责。其负责的情况有：①罐车运输的货物；②冻结的易腐货物；③未装容器的活动物、蜜蜂、鱼苗等；④一件重量超过1t的放射性同位素；⑤由人力装卸带有动力的机械和车辆。

其他货物由于性质特殊，经托运人或收货人要求，并经承运人同意，也可由托运人或收货人组织装车或卸车，如气体放射性物品、尖端保密物资、特别贵重的展览品、工艺品等。货物的装卸不论由谁负责，都应在保证安全的条件下，积极组织快装、快卸，昼夜不断地作业，以缩短货车停留时间，加速货物运输。

3）装车作业。

① 装车的基本要求如下：

a. 货物重量应均匀分布在车上，不得超重或偏重和集重。

b. 装载应认真，做到轻拿轻放、大不压小、重不压轻，堆码稳妥、紧密、捆绑牢固，在运输中不发生移动、滚动、倒塌或坠落等情况。

c. 使用敞车装载怕湿货物时应堆码成屋脊形，苫盖好篷布，并将绳索捆绑牢固。

d. 使用棚车装载货物时，装在车门口的货物，应与车门保持适当距离，以防挤住车门或湿损货物。

e. 使用罐车及敞车、平车装运货物时，应分别按其规定办理，所装货物需进行加固时，按《铁路货物装载加固规则》的规定办理。

② 装车前的检查：

为保证装车工作质量，使装车工作顺利进行，装车前应做好以下"三检"工作：第一，检查运单，即检查运单的填记内容是否符合运输要求，有无漏填和错填。第二，检查待装货物，即根据运单所填记的内容核对待装货物的品名、件数、包装，检查标志、标签和货物状态是否符合要求，集装箱还需检查箱体、箱号和封印。第三，检查货车，即检查发车的技术状态和卫生状态，包括是否符合使用条件、货车车体（包括透光检查）、车门、车窗、盖、阀是否完整、良好，车内是否干净，是否被毒物污染，装载食品、药品、活动物和有押运人乘坐时，还应检查车内有无恶臭异味，查看货车"定检"是否过期，有无扣修通知、货车洗刷回送标签或通行限制。

③ 监装（卸）工作。

进行装卸作业前，应向装卸工组详细说明货物的品名、性质，布置装卸作业安全事项和需要准备的消防器材及安全防护用品。装卸剧毒品应通知公安人员到场监护。进行装卸作业时，要做到轻拿轻放、堆码整齐牢固，防止倒塌。要严格按规定的安全作业事项操作，严禁货物侧放、卧装（钢瓶器除外）。包装破损的货物不准装车。装完后应关闭好车门、车窗、盖、阀，整理好货车装备物品和加固材料。

装车后需要施封、苫盖篷布的货车由装车单位进行施封与苫盖篷布。卸完后应关闭好车门、车窗、盖、阀，整理好货车装备物品和加固材料。

④装车后检查。

为保证货物正确运送和行车安全，装车后还需要检查下列内容：

a. 检查车辆装载。主要检查有无超重、超限现象，装载是否稳妥，捆绑是否牢固，施封是否符合要求，表示牌插挂是否正确。对装载货物的敞车，装载后要检查车门插销、底开门搭扣和篷布苫盖、捆绑情况。

b. 检查运单。检查运单有无漏填和错填，车种、车号和运单所载是否相符。

c. 检查货位。检查货位有无误装或漏装的情况。

2．途中作业

铁路货物的途中作业是货物从出发地到到达地的运输过程中，货物的交接、检查，换装、整理，货运合同变更与解除，整车分卸，以及运输阻碍处理等工作。

（1）交接、检查。施封的货车凭封印交接；不施封的货车凭货车（或篷布）现状、货物装载状态或规定的标记交接。

为了保证货物运输的安全和质量，划清运输责任，运输中的货物（车）应由车站人员和列车乘务员之间或列车乘务员之间，在铁路局或分局指定的地点、时间办理货物的交接检查。

（2）换装、整理。这是货车在运输过程中，发现可能危及行车安全或货物完整的情况时，所进行的货车更换或货物整理作业。

1）换装：将不宜继续运输的货车中的货物卸下，装入适宜安全运输的货车内的作业。

2）整理：就原车货物的装载位置、高度进行整理，或卸下超载部分的货物及捡拾撒漏货物，以便货车能继续安全运输的作业。

（3）货运合同变更与解除。

1）货运合同的变更。

①货运合同变更的种类。

a. 变更到站。货物已经装车挂运，托运人或收货人可按批向货物所在的中途站或到站提出变更到站。

b. 变更收货人。货物已经装车挂运，托运人或收货人可按批向货物所在的中途站或到站提出变更收货人。

②货运合同变更的限制。铁路是按计划运输货物的，货运合同变更必然会给铁路运输

工作的正常秩序带来一定的影响。所以，对于下列情况，承运人不受理货运合同的变更。

　　a. 违反国家法律、行政法规。

　　b. 违反物资流向。

　　c. 违反运输限制。

　　d. 变更到站后的货物运到期限大于容许运到的期限。

　　e. 变更一批货物中的一部分。

　　f. 第二次变更到站的货物。

③ 货运合同变更的处理。托运人或收货人要求变更时，应提出领货凭证和货物运输变更要求书；当提不出领货凭证时，应提出其他有效证明文件，并在货物运输变更要求书内注明。提出领货凭证是为了防止托运人要求铁路办理变更，而原收货人又持领货凭证向铁路要求交付货物的矛盾。

2）货运合同的解除。整车货物和大型集装箱在承运后挂运前，零担和其他型集装箱货物在承运后装车前，托运人可向发站提出取消托运，经承运人同意，货运合同即告解除。

（4）整车分卸。在途中分卸站进行货物的分卸作业。

（5）运输阻碍处理。因不可抗力的原因致使行车中断、货物运输发生阻碍时，铁路局对已承运的货物可指示绕路运输，或者在必要时先将货物卸下妥善保管，待恢复运输时再装车继续运输。

3. 到达作业

到达作业的流程包括在铁路运输过程中，重车和货运票据的交接，卸车作业，到达保管，交付等工作（见图3-13）。

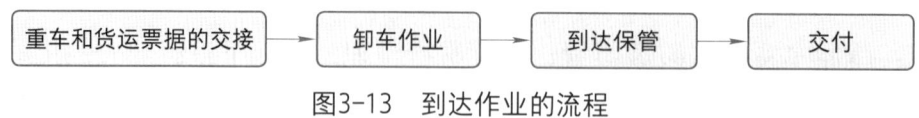

图3-13　到达作业的流程

（1）重车和货运票据的交换。列车到站后，到站车站派指定专人接收重车。交接过程中，对票据和现车进行详细的验收与核对，检查现车装载状态，办理重车及货运票据的交接签证。

（2）卸车作业。

1）卸车前检查货位是否能够容纳待卸货物、货物是否整洁、相邻货位的货物是否与卸下货物性质有抵触，查验货运票据记载的到站与货物实际到站是否一致，掌握待卸货物状况，检查车辆施封状态是否完好、载运货物有无异味、现车与货运票据是否一致。

2）监卸作业。监卸过程中注意安全作业，卸车时，监装卸货人员应对施封车辆亲自拆封,并同装卸工一起去下篷布或开启车门,逐批核对、清点货物,合理使用货位,按标准码放,对事故货物应编制货运记录。

3)卸车后检查。卸车后应对货运票据、货物和卸后空车进行仔细检查。

4)清扫除污。货车卸空后,负责卸车的部门应将货车清扫干净,关闭车门、车窗、端侧板、盖、阀。对装过鲜活货物、易腐货物的冷藏车,装过剧毒品、受到危险货物污染、有刺激性异臭味等的货车,必须及时洗刷、除垢,并向收货人核收相关费用。

(3)到达保管。货物到达后,承运人应及时向收货人发出催领通知。由铁路组织卸车的货物,发出催领通知的时间应不迟于卸车结束的次日。免费保管期间,由承运人组织卸车的货物应于承运人发出催领通知的次日起算,不能实行催领通知或会同收货人卸车的从卸车次日起算;如2日内将货物搬出,不收取保管费用。

(4)交付。

1)票据交付。收货人持领货凭证和规定的证件到货运室办理货物领取手续,在支付费用和在货票丁联盖章(或签字)后,留下领货凭证,在运单和货票上加盖到站交付日期戳,然后将运单交给收货人,凭此领取货物。如收货人在办理货物领取手续时,领货凭证未到或丢失,机关、企业、团体应提出本单位的证明文件,个人应提出本人居民身份证、工作证(或户口簿)或服务所在单位(或居住单位)出具的证明文件。货物在运输途中发生的费用(如包装整修费、托运人责任的整理或换装费、货物变更手续费等)和到站发生的杂费,到站后应由收货人支付。

2)现货交付。现货交付即承运人向收货人点交货物。收货人持货运单到货物存放地点领取货物,货运员向收货人点交货物完毕后,在运单上加盖"货物交讫"戳记,并记明交付完毕的时间,然后将运单交还给收货人,凭此将货物搬出货场。

收货人持加盖"货物交讫"的运单将货物搬出货场,相关工作人员应对搬出的货物认真检查,核对品名、件数、交付日期与运单记载是否相符,经确认无误后放行。

三、铁路货物运到期限

铁路货物运到期限是从承运人承运货物的次日开始计算,到卸车完成时止的时间。货物运到期限由货物发送期间、货物运输期间和特殊作业时间三部分组成,计算公式如下:

$$货物运到期限(T)=T_发+T_运+T_特$$

货物运到期限起码日数为3日,根据公式计算出的运到期限不足3日时,按3日计算。

(1)货物发送期间($T_发$)为1日。

(2)货物运输期间($T_运$):每250运价千米或其未满为1日;按快运办理的整车货物每

500运价千米或其未满为1日。

（3）特殊作业时间（$T_{特}$）。

1）需要中途加冰的货物，每加冰1次另加1日。

2）运价里程超过250km的零担货物和重为1t、5t的集装箱货物另加2日；超过1000km的另加3日。

3）单件货重超过2t、体积超过3m³或长度超过9m的零担货物和危险零担货物另加2日。

4）整车分卸货物，每增加一个分卸站另加1日。

5）准轨、米轨铁路间直通运输的整车货物另加1日。

任务实践活动

请以小组为单位，3~5人一组，按照步骤要求帮助张蓝完成任务。

步骤一：描述铁路货物运输流程。

请根据所学知识，帮助张蓝分析任务背景中的货物属于何种铁路发运方式，描述该货物从发站到收货人手中的流程。

步骤二：完成货物交付。

根据任务背景，思考收货人领取货物需要带什么资料，若收货人未能及时领取货物，到站可以免费保管多长时间。

步骤三：计算货物运到期限。

广州站发往石家庄站电饭锅5件，总重量80kg，货物每件长0.4m、宽0.3m、高0.3m，试计算运到期限。（广州—石家庄为2012km）

步骤四：角色扮演。

根据铁路货物运输的流程图，参考一下角色分配（见表3-2，可以根据实际情况进行调整），模拟完成此次铁路货物运输。

表3-2　角色分配

参考角色	参考人数
客服专员	1
托运人	1
调度员	1
取货员	3
装卸员	3
收货人	1

任务评价

姓名		学号		专业		
活动名称			铁路运输业务运作			
考核内容		考核标准	参考分值	学生自评	小组互评	教师评价	考核得分
素养评价	1	具有沟通能力、团队合作精神和安全意识	5				
	2	具有自主探究学习和总结分析的职业素养	5				
	3	具有认真负责、一丝不苟的工作精神	10				
知识评价	4	熟悉铁路运输的一般流程	10				
	5	掌握铁路货物运到期限的计算方法	10				
	6	掌握铁路运输发送作业、途中作业和到达作业的工作流程	10				
技能评价	7	根据实际情况描述铁路运输具体作业	15				
	8	根据实际情况选择铁路运输方式	15				
	9	根据任务背景计算货物运到期限	20				
		总分	100				

内化与提升

小案例

"钢铁驼队"闪耀进博会

2023年11月5日至10日，第六届中国国际进口博览会（简称进博会）在上海举办。在国家会展中心（上海），走进总面积达2500m²、以红色为主基调的中国馆，"中国式现代化，世界新机遇"主题词和馆标格外醒目，巨幅LED大屏幕循环播放着中欧班列服务共建"一带一路"成果，中欧班列、中老铁路等铁路元素引发广泛关注，令人印象深刻。中欧班列运输服务网络基本覆盖亚欧大陆全境，联通中国境内112个城市，通达欧洲25个国家217个城市以及沿线11个亚洲国家100多个城市；班列运输的货物品类不断增加，涵盖中国生产的汽车、电视机、洗碗机，西班牙红酒，法国化妆品，德国药品等。

为服务保障第六届进博会成功举办，铁路部门会同合作伙伴组织开行3列中欧班列，承运210标箱货物、货值超过3.5亿元，始发站点包括德国的杜伊斯堡、汉堡和波兰的马拉舍维奇，成为欧洲国家展品参展进博会的重要运输方式。

结合案例，请谈一谈面对中国铁路发展的今天，作为一名中专生应该如何发愤图强，做好社会主义合格接班人。

任务三　铁路运输单证填制

任务背景

2023年10月15日，天津好盟公司接到百祥有限公司孟辉经理发来的托运请求，百祥有限公司现有一批桶装的柴油机油需要从天津发运至上海。好盟公司张蓝在审核此批货物的发运计划后，同意接受该批柴油机油的运输并告知该公司。当日下午5点，好盟公司天津站调度黄全安排取货员张平携带有关单据去托运方处取货，取货完毕后将货物存放在天津站的堆场。

好盟公司根据货物的特性，采用铁路整车货物进行运输；并根据客户要求的运到期限（2023年10月24日18：00），选择了最短的运输路线，天津到上海的铁路里程为1463km，结算方式为货到付款。计划号码为No.6096，货票为No.8980，车种车号是C62031，该货车标重为60t，施封号码为336670。货物详情：长城柴油机油（型号CD15W/40）200箱，包装方式为纸箱，总重量56000kg，单价380.00元/桶。

2023年10月15日21：00，货物被装入铁路货车并开始发运，10月17日10：00到达上海火车站。上海站卸货人员吴强将货物放入指定的堆场，通知收货方上海汉夏润滑油有限公司联系人戴奎来取货，并告知戴奎货物在堆场存放时间最多为5天，过期其将承担相应的保管费用。

具体托运信息如下：

托运方：百祥有限公司；地址：天津市河北区兴隆街××号；托运方联系人：方奇伟；联系电话：139×××5263；邮编：300010。

收货方：上海汉夏润滑油有限公司；地址：上海市长宁区协和路××号；收货方联系人：戴奎；联系电话：158×××8593；邮编：200050。

请分别以托运人、承运人身份填写铁路货物运单和货票。

学习目标

知识目标

1. 了解铁路货物运单和货票的内容。

2. 熟悉铁路货物运单的种类。
3. 掌握铁路货物运单和货票的填制要求。

能力目标

1. 能够分析铁路货物运输信息。
2. 能够根据货运信息填制铁路货物运单和货票。

素养目标

1. 培养严谨、细致的职业素养。
2. 培养语言表达和团队协作能力。

 知识储备

一、铁路货物运单

1. 铁路货物运单的内容与使用

铁路货物运单是托运人与承运人之间为运输货物而签订的一种运输合同或运输合同的组成部分。它是确定托运人、承运人、收货人之间在铁路运输中的权利、义务和责任的原始依据。铁路货物运单即是托运人向承运人托运货物的申请书，也是承运人承运货物和核收运费、填制货票以及编制记录和备查的依据。铁路货物运单由货物运单和领货凭证两部分组成（见表3-3）。

托运人向承运人提出填写货物运单是一种签订合同的要约行为，即表示其签订运输合同的意愿，并按货物运单填记的内容向承运人交运货物；承运人按货物运单记载接收货物、核收运费，并在托运单上盖章后，运输合同即告成立，托运人、收货人和承运人即开始负有法律责任。

2. 铁路货物运单的种类

（1）现付运单，黑色印刷。

（2）到付或后付运单，红色印刷。

（3）快运货物运单，也为黑色印刷，仅将票据名称的"货物运单"改印为"快运货物运单"字样。

（4）剧毒品专用运单，样式与现付运单一样，只是用黄色印刷，所以又称为黄色运单，并有剧毒品的标志图形（骷髅图案）。

表3-3 铁路货物运单

货物指定于 月 日 搬入	××铁路局	承运人/托运人装车
货 位：	货物运单	承运人/托运人施封
计划号码或运输号码：		
运到期限： 日	托运人→发站→到站→收货人	货票第 号

托运人填写

发站		到站（局）		
到站所属省（市）、自治区				
托运人	名称		电话	
	地址			
收货人	名称		电话	
	地址			
货物名称	件数	包装	货物价格	托运人确定重量/kg

合计

托运人记载事项

注：本单不作为收款凭证
托运人（签章）
托运人在签约须知见背面

承运人填写

车种车号		施封号码		货车标重
		经由		铁路货车棚车号码
		运输里程		集装箱号码
		计费重量	承运人确定重量/kg	运价号 运价率
				运费

承运人记载事项

到站交付日期戳
发站承运日期戳

领货凭证，货物运单（背面）

领货凭证（背面）
收货人领货须知：
1. 收货人接到托运人寄交的领货凭证后，应及时向到站联系领取货物
2. 收货人领取货物已超过免费暂存期限时，应按规定支付货物暂存费
3. 收货人在到站领取货物，如遇货物未到，应要求到站在本证背面加盖车站截证明货物未到

	领货凭证
车种车号	
货票第	号
运到期限	日
发站	
到站	
托运人	
收货人	
货物名称	件数 重量
托运人盖章或签字	
发站承运日期戳	
注：收货人领货须知见背面	

货物运单（背面）
托运人须知：
1. 托运人持本货物运单向铁路托运货物，证明并确认和愿意遵守铁路货物运输的有关规定
2. 货物运单所记载的货物名称、重量与货物实际完全相符，托运人对其真实性负责
3. 货物的内容、品质和价值是托运人提供的，承运人在接收和承运货物时并未全部核对
4. 托运人应及时将领货凭证寄交收货人，凭以联系到站领取货物

3．铁路货物运单的填制要求

托运人填写部分：

（1）"发站"栏、"到站（局）"栏和"到站所属省（市）、自治区"栏。"发站"栏和"到站"栏的填写按照"铁路货物运价里程表"规定的站名完整填记，不得简称。例如，"杭州北站"不能写成"杭北"。"到站（局）"栏填写到达站主管铁路局名的第一个字，如"广""上""哈"等，但到达北京铁路局的，则填写"京"字。各铁路局的全称、简称对照表见表3-4。

表3-4 各铁路局的全称、简称对照表

铁路局全称	铁路局简称	铁路局全称	铁路局简称
北京铁路局	京	太原铁路局	太
上海铁路局	上	西安铁路局	西
广州铁路（集团）公司	广	南宁铁路局	宁
哈尔滨铁路局	哈	兰州铁路局	兰
沈阳铁路局	沈	成都铁路局	成
呼和浩特铁路局	呼	昆明铁路局	昆
郑州铁路局	郑	武汉铁路局	武
济南铁路局	济	乌鲁木齐铁路局	乌
南昌铁路局	昌	青藏铁路局	青

"到站所属省（市）、自治区"栏填写到站所在地的省（市）、自治区名称。托运人填写的到站、到达局和到站所属省（市）、自治区名称，三者必须相符。

（2）"托运人、收货人名称、地址及电话"等栏。本栏应详细填写托运人和收货人完整的单位全称（如发货人或收货人为个人，则应填写发货人或收货人姓名）；托运人和收货人地址应详细填写至其所在省、市、自治区城镇街道和门牌号码或乡、村名称；托运人和收货人电话填写应准确无误，以防意外事件发生时能够及时联系。

（3）"货物名称"栏。本栏填写要按《铁路货物运价规则》中的"铁路货物运输品名检查表"内所记载的品名填写；危险货物则按《危险货物运输规则》所记载的品名填写。按一批托运的货物，不能逐一将品名在运单内填写时，需另填物品清单一式三份。

（4）"件数"栏。本栏应按货物名称及包装种类，分别填写件数。承运人只按重量承运的货物，则在本栏填记"堆""散""罐"等字样，在合计件数栏填写该批货物的总件数。

（5）"包装"栏。本栏按有关货物的包装种类填写，如"木箱""麻袋""铁桶""纸箱"等，按件承运的货物无包装时，填写"无"。

（6）"货物价格"栏。本栏填写该项货物的实际价格，全批货物的实际价格为确定货物保价运输保价金额或货物保险运输保险金额的依据。

（7）"托运人确定重量"栏。本栏应按货物名称及包装种类分别将货物实际重量用公斤（kg）记明，在合计重量栏填写该批货物的总重量。

（8）"托运人记载事项"栏。本栏填写需要由托运人声明的事项，如：

1）货物状态有缺陷，但不致影响货物安全运输，应具体注明其缺陷。

2）需要凭证明文明运输的货物，应注明证明文件名称、号码及填发日期。

3）托运易腐货物或"短寿命"放射性货物时，应注明容许运输期限；需要加冰运输的易腐货物，途中不需要加冰时，应注明"途中不需要加冰"。

4）国外进口危险货物，按原包装托运时，应注明"进口原包装"。

5）按规定其他需要由托运人在运单内记明的事项。

（9）"托运人（签章）"栏。托运人填写完毕并确认无误后，在此栏签字或盖章。

（10）"领货凭证"各栏。托运人填写时（包括加盖印章与签字），应与运单相应各栏记载的内容保持一致。

承运人填写部分：

（1）"货物指定于×月×日搬入"栏。发站对托运人提出的运单检查无误，判断符合规定后，在"货物指定×月×日搬入"栏内填写指定搬入日期。零担货物应填写运输号码，由经办人签字或盖章，交还托运人凭此将货物搬入车站，办理托运手续。

（2）"运到期限××日"栏。本栏填写按规定计算的货物运到期限日数。

（3）"货票第××号"栏。本栏根据该批货物所填发的货票号码填写。

（4）"车种车号"栏、"货车标重"栏。按整车办理的货物必须填写本栏。

（5）"施封号码"栏。本栏填写施封环或封饼上的施封号码；封饼不带施封号时，应填写封饼个数。

（6）"经由"栏。按货物运价里程最短路径计算时，本栏可不填；按绕路经由计费时，应填写绕路经由的接算站名或线名。

（7）"铁路货车棚车号码"栏。本栏填写该批货物指定运输铁路货车棚车号码。

（8）"运价里程"栏。本栏填写发站至到站间最短路径的里程；绕路运输时，应填写绕路经由的里程。

（9）"集装箱号码"栏。本栏填写使用铁路集装箱运输时，集装箱上的编号。

（10）"承运人确定重量"栏。货物重量由承运人确定的，应填写检斤后的货物重量，按货物名称及包装种类分别用公斤（kg）填写。一般情况下，承运人确定重量与托运人确定重量相符；合计重量栏填写该批货物的总重。

（11）"计费重量"栏。整车货物填写货车标记载重量或规定的计费重量；零担货物填写按规定处理尾数后的重量或起码重量。

（12）"运价号"栏。本栏按"货物运价分类表"规定的该货物运价号填写。

（13）"运价率"栏。根据该批货物确定的运价号和运价里程，从"铁路货物运价率表"中查找出相应的运价率填写（或根据任务背景中给出的相关信息填写）。

（14）"运费"栏。运费核算见任务四中的具体讲解。

（15）"承运人记载事项"栏。本栏填写须由承运人记明的事项。例如：

1）货车代用，记明批准的代用命令。

2）轻重配装，记明有关计费事项。

3）货物运输变更，记明有关计费事项。

4）途中装卸的货物，记明计算运费的起讫站名。

5）需要限速运行的货物和自有动力行驶的机车，记明铁路分局承认命令。

6）需要由承运人记明的其他事项。

（16）"到站交付日期戳"栏、"发站承运日期戳"栏。本栏分别由到站和发站加盖交付或承运当日的车站日期戳。

二、货票

1. 货票的内容与使用

货票是铁路运营的主要票据之一，是处理货运事故向收货人支付运到逾期违约金和补退运杂费的依据，在运输过程中作为运输凭证随货运输，且具有财务性质。

货票共有四联：甲联为发站存查联（见表3-5）；乙联为报告联，由发站寄往发局，作为确定货运收入、统计完成货运量、计算运营指标和进行内部财务清算的依据；丙联为承运联，交托运人凭以报销；丁联为运输凭证，随货到站，由到站留作存查。目前，铁路车站已经普遍采用计算机进行货运的计费和制票工作。

表3-5　铁路货票

计划号码或运输号码：　　　　　　　××铁路局　　　　　　　No.：

甲联　发站存查

发站			到站（局）		车种车号		货车标重		承运人/托运人装车	
经由			货物运到期限		日		施封号码或铁路棚布号码			
运价里程			集装箱箱型		保价金额		现付金额			
							费别	金额	费别	金额
托运人名称及地址							发到运费		运行运费	
收货人名称及地址							印花税		京九分流	
货物名称	品名代码	件数	货物重量	计费重量	运价号	运价率	建设基金		电气化附加费	
集装箱号码										
记事							合计			

2．货票的填制要求

1）货票各联根据货物运单记载的内容填写，金额不得涂改，若填写错误应按作废处理。货票各联，包括甲、乙、丙、丁四联，都按照相关规定进行填写以及留存。货票丙联连同加盖好承运日期戳的运单所附的领货凭证一并交给托运人。

2）货主或承运人无须自行填写"电气化附加费"和"印花税"等栏，而是在收到货票时查看铁路公司或相关运输部门在出票时填写的费用信息即可。

3）货票丁联的"收货人盖章或签字"栏，由收货人在领取货物时盖章或签字；"卸货时间"栏由到站按卸车完毕的日期填写；"到货通知时间"栏按发出到货催领通知的时间填写。

> **小贴士**
>
> 在实际制单过程中，铁路货运信息中没有涉及的内容，铁路货物运单和铁路货票均无须填写。

任务实践活动

请以小组为单位，3~5人一组，完成任务（相关单据见表3-3和表3-5）。

步骤一：分析任务背景信息，请以承运人身份填写铁路货物运单。

步骤二：分析任务背景信息，请以承运人身份填写货票。

任务评价

姓名		学号		专业		
活动名称		铁路运输单证填制				
考核内容		考核标准	参考分值	学生自评	小组互评	教师评价	考核得分
素养评价	1	具有严谨、细致的职业素养	10				
	2	具有良好的语言表达和团队协作能力	10				
知识评价	3	了解铁路货物运单和货票的内容	10				
	4	熟悉铁路货物运单的种类	10				
	5	掌握铁路货物运单和货票的填制要求	10				
技能评价	6	能够分析铁路货物运输信息	15				
	7	能够根据货运信息填制铁路货物运单	15				
	8	能够根据货运信息填制货票	20				
		总分	100				

内化与提升

小案例

精心开发"智慧大脑"，中欧班列驰而不息

这是一场上万公里行程的接力赛，从始发站出发，中欧班列先行驶至铁路口岸，完成编组、换装、报关、检查等手续，才能驶出国门。平均下来，一趟中欧班列需要50多名驾驶员接力驾驶，包括3次换装作业，耗时9~18天不等。面对庞大的网络、复杂的体系，要让中欧班列顺畅高效运行，离不开"智慧大脑"的调度。2021年，在国家发展和改革委员会大力支持下，中国国家铁路集团有限公司（简称国铁集团）开工建设中欧班列信息集成平台项目。如今，该平台拥有一门户、四中心。一门户为中欧班列门户网站，面向境内外公众，提供境内外全程物流业务受理服务，是中欧班列的官方统一服务窗口；四中心包括中欧班列数据共享中心、运营服务中心、运行监控中心和质量评价中心。其中，运营服务中心为境内外客户提供"一站式"电子商务综合服务，具有在线委托、运单制作、费用结算等全流程服务功能。平台上线后，用户足不出户即可完成发运手续。

"智慧大脑"成功架构,"神经末梢"也要升级。走进阿拉山口铁路国际联运大楼,一名运转送票员正与出口货运员交接中欧班列联运票据。阿拉山口站货装车间出口货运员徐兴英介绍,"数字口岸"上线前,联运运单票据信息录入大概需要40分钟;如今,只需要核对运单和系统上的信息是否一致,20分钟即可完成。据介绍,2020年6月起,国家铁路口岸全面推广实施"数字口岸"系统。目前,"数字口岸"系统运行良好,代理企业可提前查看运输和到达信息,便捷完成海关申报、铁路流向变更等联运手续,阿拉山口口岸出境中欧班列通关时间总体压缩至5小时以内。

结合案例,谈一谈铁路货物运输单、铁路货票电子化的好处。作为物流专业学生,你认为案例中的"数字口岸"还有哪些功能可以优化?

任务四　铁路货物运费核算

任务背景

2023年10月18日,天津好盟公司接到一个将一批有色金属从天津火车站发往哈尔滨站的订单,总重为56t,其中48t用标重50t棚车以整车运输,剩余8t以零担运输。主管李琦要求张蓝等新员工计算此批有色金属的运费。

张蓝应如何计算此次运输的运费呢?

学习目标

知识目标

1. 掌握铁路运费计算公式。
2. 熟悉铁路运输的"品名分类与代码表""运价率表""运价里程表"等。

能力目标

1. 能够根据铁路货物信息选择合理运输方式。
2. 能够灵活运用整车运输、零担运输、集装箱运输的计算公式计算运费。

素养目标

1. 培养精细作业的职业素养和沟通协作的团队精神。
2. 培养总结分析问题的能力。

 知识储备

一、铁路货物运价的种类

1. 按适用范围划分

铁路货物运价按其适用范围可以分为普通运价、特定运价、优待运价、国际联运运价及地方运价等。

（1）普通运价。普通运价是货物运价的基本形式，是在全路办理正式营业的铁路运输线上都适用的统一运价（特定、优待、国际联运及地方运价等除外）。我国现行的整车货物、冷藏车货物、零担货物和集装箱货物运价即属普通运价。无论是普通货物还是按特殊条件运送的货物，都以此作为计算运费的基本依据。不过，对特殊条件运送的货物，在某些情况下会有一些特殊规定。例如，超限货物是特殊条件运送的货物，其运价是按不同超限等级分别在普通货物运价的运价率上加50%或100%计算运费。

（2）特定运价。特定运价是指在一定条件下，运送一定种类货物时规定的运价。它是国家在一定时期内对某些货物临时采取的限制或鼓励手段，是贯彻国家经济政策的一种体现，也是普通运价的重要补充。因此，特定运价可以高于或低于普通运价。我国现行《铁路货物运价规则》所规定的特定运价都是低于普通运价的一种运价。如《铁路货物运价规则》规定的第二号特定运价，就是为了发展我国集装运输，鼓励企业单位多制造集装用具。因此，企业自备集装用具凭收货人提出的特价运输证明书回送时，运费整车按4号、零担按23号运价率减成计费。

（3）优待运价。优待运价是对一定机关或企业运输的一切货物或对不同托运人运送给一定机关或企业的货物而规定的低于普通运价的一种运价。例如，企业自备10t及其以下通用集装箱装运货物按其适用的运价率减20%计费；又如，托运人自备货车或租用铁路货车装运货物用铁路机车牵引，或铁路货车装运货物用该托运人的机车牵引运输时，按所装货物运价率减20%计费。

（4）国际联运运价。国际联运运价是指经铁路国际联运的货物所规定的运价。它包括过境运输和国内区段运输两部分运价。过境运输运费按《国际货协统一过境运价规程》的规定办理；国内区段运输运费按现行《铁路货物运价规则》的规定办理。

（5）地方运价。地方运价是铁路局经铁道部批准对某些管内支线或地方政府对地方铁路所规定的运价。

2．按货物运输种类划分

（1）整车货物运价。整车货物运价是对按整车运送的货物所规定的运价。我国铁路整车货物运价规定，按运输距离制定每吨或每轴的费率。

（2）零担货物运价。零担货物运价是对按零担运送的货物所规定的运价。我国铁路零担货物运价规定，按运输距离制定每10kg的费率。

（3）集装箱货物运价。集装箱货物运价是对按集装箱运送的货物所规定的运价。我国铁路集装箱货物运价规定，按运输距离制定每箱的费率。

我国现行铁路货物运价采用分号运价制，即将运价设立若干个运价号。整车货物运价为12个号（即1~12号）；冷藏车货物运价按冰冷车和机冷车两类来计算，相当于两个运价号；零担货物运价分为5个号（即21~25号）；集装箱货物按箱型及货物名称计费，但货物只分两大类，因此也相当于两个运价号。

二、铁路运费的一般计算程序

铁路运费的一般计算程序如图3-14所示。

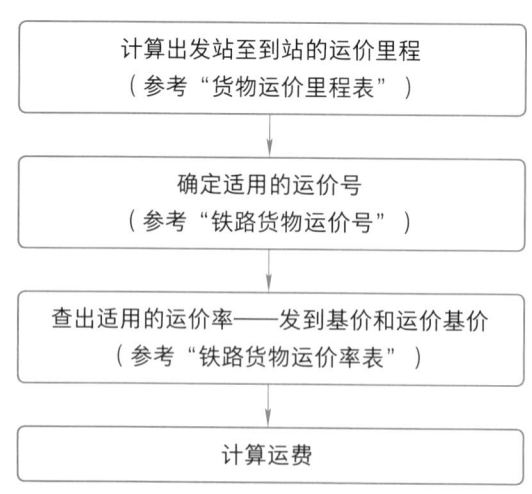

图3-14 铁路运费的一般计算程序

计算运费需要考虑一些条件，如要运输100t木材，需使用2辆载重60t的货车，就需要按照所使用车辆的标重120t计收运费。

三、铁路运费计算公式

不同铁路运输形式的运费计算公式见表3-6。

表3-6 不同铁路运输形式的运费计算公式

运输形式	计算公式
整车运输（按重量计算）	运费=（发到基价+运行基价×运价里程）×计费重量
零担运输	运费=（发到基价+运行基价×运价里程）×计费重量÷10
集装箱运输	运费=（发到基价+运行基价×运价里程）×箱数

四、货物计费重量的确定

货物计费重量见表3-7。

表3-7 货物计费重量

运输形式	计量单位	重量确定	注意事项
整车运输	t	一般按货车标记的重量作为计费重量，货物重量超过标重时，按货物重量计费；标重不足30t的家畜车计费重量按30t计算	当不同物品的运价率相同时，重量应合并计算。运价率不同的零担货物在同一包装内按一批托运时，按该批货物中运价率高的计费
零担运输	10kg	不足10kg进为10kg；针对轻飘物货物重量与折合重量则按大计费，其中折合物重量=（300×体积）kg；货物长、宽、高的计算单位为m，小数点后取两位数，体积计算单位为m^3，保留两位小数，第三位四舍五入	
集装箱运输	箱	—	

任务实践活动

请以小组为单位，3~5人一组，按照步骤要求帮助张蓝完成任务。

步骤一：根据任务背景中要求的发运方式，选择计算公式（见表3-8）。

表3-8 计算公式

任务	计算公式
有色金属48t用标重50t棚车以整车运输	
有色金属8t以零担运输	

步骤二：确定适用的运价号。

查找常见铁路货物运价号（见表3-9）。

表3-9 常见铁路货物运价号

货物品名	运价号	
	整车	零担
磷矿石、磷精矿、磷矿粉	1	21
矿渣、铝矾土、砂、石料、砖、水渣、铁矿石、石棉、石膏、草片、石灰石、耐火黏土、金属矿石	2	21
粮食、稻谷、大米、大豆、粮食种子、食用盐、非食用盐、小麦粉、拖拉机、盐卤	2	22
麻袋片、化学农药、籽棉、石棉制品	2	24
活禽、活畜、蜜蜂、养蜂器具	3	22
棉胎、絮棉、旧棉、木棉	3	24
煤炭、焦炭、生铁、木棉	4	21
氧化铝、氢氧化铝、酱腌菜	4	23
鲜冻肉、鲜冻水产品、鲜蔬菜、树苗、烟叶、干蔬菜、电极糊、放射性矿石	4	24
钢锭、钢坯、钢材、钢轨、有色金属、水泥、水泥制品、金属结构及构件	5	22
石制品、玻璃、装饰加工板、胶合板、树脂、塑料、食糖、鲜冻蛋、鲜冻奶、死禽、死畜、死兽、鲜瓜果、奶制品、肉制品、蛋制品、罐头、花卉、油漆、颜料、涂料、橡胶轮胎、调味品、酒、膨化食品、卷烟、纸及纸板、中成药	6	24
金属工具、塑料薄膜、洗衣粉、牙膏、搪瓷制品、肥皂、化妆品	7	24
洗衣机	8	22
电冰箱、电子计算机及其外部设备	8	23
工业机械、医疗器械、自行车、汽车、仪器、仪表、电力设备、灯泡、灯管、电线、电缆、电子管、显像管、磁带、电视机、钟、表、定时器、衡器	8	24
原油、汽油、煤油、柴油、润滑油、润滑脂	8+20%	24
挂运与自行的铁道机车、车辆及轨道机械	9	—

从上表可知，有色金属的铁路运价分号为整车5号、零担22号。

步骤三：查找适用的运价率（发到基价和运行基价）。

从"铁路货物运价率"（见表3-10）中查找有色金属整车5号、零担22号的运价率。

表3-10　铁路货物运价率

办理类型	运价号	发到基价		运行基价	
		单位	标准	单位	标准
整车	1	元/t	4.60	元/(t·km)	0.0212
	2	元/t	5.40	元/(t·km)	0.0243
	3	元/t	6.20	元/(t·km)	0.0284
	4	元/t	7.00	元/(t·km)	0.0319
	5	元/t	7.90	元/(t·km)	0.0360
	6	元/t	8.50	元/(t·km)	0.0390
	7	元/t	9.60	元/(t·km)	0.0437
	8	元/t	10.70	元/(t·km)	0.0490
	冰保	元/t	8.30	元/(t·km)	0.0455
	机保	元/t	9.80	元/(t·km)	0.0675
零担	21	元/t	0.087	元/(t·km)	0.000365
	22	元/(10kg)	0.104	元/(10kg·km)	0.000438
	23	元/(10kg)	0.125	元/(10kg·km)	0.000526
	24	元/(10kg)	0.150	元/(10kg·km)	0.000631
集装箱	1吨箱	元/箱	7.40	元/(箱·km)	0.00329
	5.6吨箱	元/箱	57.00	元/(箱·km)	0.2525
	10吨箱	元/箱	86.20	元/(箱·km)	0.3818
	20英尺①箱	元/箱	161.00	元/(箱·km)	0.7128
	40英尺箱	元/箱	314.70	元/(箱·km)	1.3935

查表可知，整车5号发到基价为7.9元/t、运行基价为0.036元/(t·km)，零担22号发到基价为0.104元/(10kg)、运行基价为0.000438元/(10kg·km)。

步骤四：确定运价里程。

查找"全国铁路主要站间货运里程表"（见表3-11）。

---

① 1英尺（ft）=0.3048米（m）。

表3-11 全国铁路主要站间货运里程表 （单位：km）

	北京	天津	沈阳	长春	哈尔滨	济南	合肥	南京	上海	杭州	南昌	福州	石家庄	郑州	武昌	长沙	广州	南宁	西安	兰州	西宁	乌鲁木齐	成都	贵阳	昆明	太原	呼和浩特	银川
北京																												
天津	137																											
沈阳	707	741																										
长春	1046	1012	305																									
哈尔滨	1288	1354	547	242																								
济南	497	360	1067	1372	1614																							
合肥	1074	973	1680	1985	2227	613																						
南京	1160	1023	1730	2035	2277	663	312																					
上海	1463	1326	2033	2335	2577	966	615	303																				
杭州	1589	1452	2159	2464	2706	1092	451	429	201																			
南昌	1449	1444	2151	2456	2689	1137	478	838	837	636																		
福州	2334	2197	2904	3209	3451	1837	1196	1147	1173	972	622																	
石家庄	277	419	1126	1431	1673	301	914	964	1267	1393	1385	1915																
郑州	689	831	1538	1843	2085	410	645	695	998	1124	1293	1549	412															
武昌	1225	1367	1972	2277	2519	1202	1181	1231	1230	1029	391	1013	948	536														
长沙	1583	1725	2330	2635	2877	1560	1222	1200	1199	998	418	894	1306	894	358													
广州	2289	2431	3036	3341	3583	2151	1826	1804	1803	1602	1022	1588	2012	1600	1064	706												
南宁	2561	2703	3411	6313	3855	2538	2098	2076	2075	1874	1294	1860	2282	1870	1336	978	1334											
西安	1159	1301	1906	2211	2453	1177	1156	1206	1509	1635	1412	2389	923	511	1047	1405	2111	2383										
兰州	1811	1948	2552	2962	3099	1853	1832	1853	2185	2311	2088	3065	1599	1187	1723	2081	2787	3059	676									
西宁	2092	2235	2839	3144	3386	2069	2048	2048	2401	2527	2304	3281	1815	1403	1939	2297	3003	3275	892	216								
乌鲁木齐	3768	3911	4515	4820	5062	3745	3724	3774	4077	4065	4391	4957	3491	3079	3615	3973	4679	4951	2568	1892	2108							
成都	2042	2185	2789	3094	3336	2019	1998	2048	2351	2552	2239	2805	1765	1353	1737	1923	252	1388	842	1172	1388	3026						
贵阳	2539	2681	3286	3591	3833	2516	2076	2054	2053	1852	1272	1838	1850	2262	1314	956	1560	2199	1809	2139	2355	3993	967					
昆明	3178	3320	3925	4230	4472	3119	3098	2693	3069	2868	1911	2477	2901	2489	1953	1595	2243	2515	1942	2272	2488	4126	1100	639				
太原	514	650	1255	1560	1802	532	1145	1195	1498	1624	1944	2521	231	577	1179	1537	2515	3234	651	1327	1543	3219	1493	2460	2593			
呼和浩特	667	804	1408	1713	1955	1164	1777	1827	2130	2256	2674	3303	871	1362	1898	2256	2962	3234	1291	1144	1360	3036	2133	3100	3233	640		
银川	1343	1480	2084	2389	2631	1840	2002	2052	2355	2481	2258	3235	1547	1357	1893	2251	2957	3229	846	468	684	2008	1342	2309	2442	1316	676	

经查表，天津—哈尔滨运价里程为1354km。

步骤五：代入公式，计算运费。

根据案例背景，将相关数据代入公式，计算运费。

$$运费=整车运费+零担运费$$

$$整车运费=（发到基价+运行基价×运价里程）×计费重量$$
$$=[7.9元/t+0.036元/（t·km）×1354km]×50t$$
$$=2832.2元$$

$$零担运费=（发到基价+运行基价×运价里程）×计费重量÷10$$
$$=[0.104元/（10kg）+0.000438元/（10kg·km）×1354km]×8t×1000÷10$$
$$=557.64元$$

$$运费=2832.2元+557.64元=3389.84元$$

因此，该批有色金属的运费为3389.84元。

任务评价

姓名		学号		专业		
活动名称			铁路货物运费核算			
考核内容		考核标准	参考分值	学生自评	小组互评	教师评价	考核得分
素养评价	1	具有良好的沟通能力和团队合作精神	10				
	2	具有自主探究学习和总结分析的职业素养	10				
	3	具有良好的职业行为规范	10				
知识评价	4	认识铁路货物运价的种类	10				
	5	了解铁路运费的一般计算程序	10				
	6	学会查找运价号、发到基价、运行基价、运价率、货运里程	20				
技能评价	7	正确分析铁路货物运输信息	15				
	8	正确计算铁路货物运费	15				
总分			100				

内化与提升

1. 某公司从上海发往天津一批货物，洗衣粉4箱，总重量1320kg，总体积1.32m³，按总重量托运。请计算该批货物运费。

2. 从北京站发往广州站3个40ft集装箱货物，请计算该批货物运费。

巩固提高

一、单项选择题

1. 铁路货物运输是现代运输的主要方式之一，也是构成陆上货物运输的基本运输方式之一，在国际货运中的地位仅次于（　　）。
   A. 海洋运输　　B. 公路运输　　C. 航空运输　　D. 管道运输

2. 货运合同是（　　）将货物从发站运输至指定地点，托运人或收货人支付运输费用的合同。
   A. 托运人　　B. 承运人　　C. 收货人　　D. 发货人

3. 承运合同以"货物运单"托运人按要求填写运单提交承运人，经（　　）审核同意并承运后承运合同成立。
   A. 托运人　　B. 承运人　　C. 收货人　　D. 发货人

4. 装车作业中，在车站公共装卸场所以外进行的装卸作业，装车由（　　）负责，卸车由收货人负责。
   A. 托运人　　B. 承运人　　C. 收货人　　D. 发货人

5. "分类表"和"检查表"都是用来判定货物的类别代码和确定（　　）的工具。
   A. 发到基价　　B. 运行基价　　C. 运价率　　D. 运价号

二、多项选择题

1. 我国铁路货物运输的发展经历了（　　）阶段。
   A. 初期发展（1949年—1978年）　　B. 改革开放初期（1978年—1990年）
   C. 进一步发展（1990年—2008年）　　D. 高速增长（2008年至今）

2. 按我国铁路技术条件，现行的铁路货物运输种类分为（　　）三种。
   A. 整车运输　　B. 快运货物运输　　C. 零担运输　　D. 集装箱运输

3. 货票各联包括（　　）联。
   A. 甲　　B. 乙　　C. 丙　　D. 丁

4. 为保证装车工作质量，装车工作顺利进行，装车前应做好（　　）"三检"工作。
   A. 检查运单　　B. 检查待装货物　　C. 检查发货人信息　　D. 检查货车

5. 铁路货物的途中作业是货物从出发地到到达地的运输过程中，货物的（　　），整车分卸，以及运输阻碍处理等工作。
   A. 交接　　　　　　　　　　　　　B. 检查
   C. 换装、整理　　　　　　　　　　D. 运输合同变更与解除

三、判断题

1. 铁路货物运输是现代运输的主要方式之一，也是构成陆上货物运输的基本运输方式之一。（　　）

2. 整车运输装载量大、运输费用较高、运输速度快，能承担的运量也较大，是铁路的主要运输形式。（　　）

3. 货运合同的当事人是承运人、托运人与收货人。（　　）

4. 零担货物和以零担形式运输的集装箱货物使用货票作为货运合同。（　　）

5. 现货交付即承运人向收货人点交货物。收货人持领货凭证到货物存放地点领取货物。（　　）

四、简答题

1. 常见的铁路运输货物包装方式有哪几种？
2. 请画出铁路到达作业流程图。

五、计算题

1. 从上海运往南京零担货物一件，重4500kg，请计算其运到期限。（上海—南京运价里程为303km）

2. 从长沙发往杭州一批钢材，重48t，使用60t敞车装运，请计算其运费。（长沙—杭州运价里程通过表3-12查询）

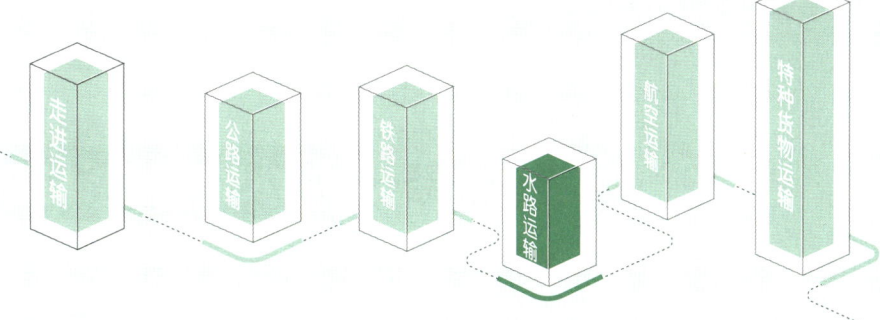

模块四
水路运输

知识导图

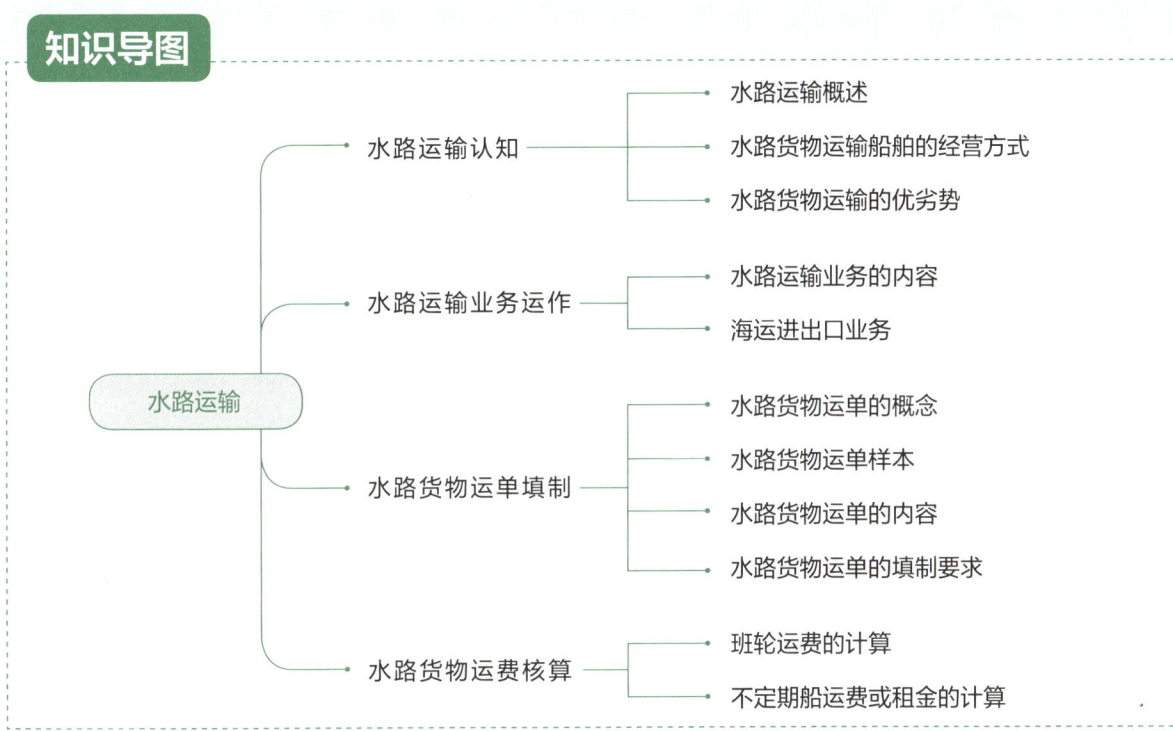

模块简介

水路运输是建设交通强国和构建现代化高质量国家综合立体交通网的重要组成部分。习近平总书记高度重视水路运输建设，做出关于"经济强国必定是海洋强国、航运强国""努力打造世界一流的智慧港口、绿色港口""'一带一路'建设国际合作要继续把互联互通作为重点""加强沿海和内河港口航道规划建设，优化提升全国水运设施网络"等重要指示批示，为新时代新征程我国水运基础设施现代化建设指明了前进方向、提供了根本遵循。

学习水路运输业务运作相关知识、掌握水路货物运单的填制、熟悉水路货物运费核算，可以帮助我们更好地服务和融入国家发展大局。

任务一 水路运输认知

任务背景

水路运输是各类运输中兴起最早、历史最长的运输方式。在出现汽车、铁路、航空以前，水上运输同以人力、畜力为动力的陆上运输方式相比，无论运输能力、运输成本还是方便程度等各个方面都处于优势地位。

水路运输的认知

为了更好、更深入地了解水路货物运输，天津好盟物流运输有限公司的张蓝决定从认知水路运输的含义、分类、优劣势和相关当事人做起，先对其基本内容形成一个较全面的了解，以便为以后办理水路运输业务打下良好的基础。

学习目标

知识目标

1. 认识水路货物运输的概念和分类。
2. 清楚水路货物运输的优劣势。

能力目标

1. 能够画出水路运输的思维导图。
2. 能够对比水路货物运输的优劣势。
3. 能够根据实际情况选择水路货物运输方式。

素养目标

1. 培养家国情怀，树立民族自豪感。
2. 培养独立思考的学习能力和沟通协作的团队精神。
3. 培养安全意识和良好的职业行为规范。

知识储备

一、水路运输概述

水路运输是以船舶为主要运输工具，以港口或港站为运输基地，以水域（包括海洋、河流和湖泊）为运输活动范围的一种运输方式。水路运输有以下四种形式：

（1）沿海运输。它是使用船舶通过大陆附近沿海航道运送客货的一种运输形式，一般使用中、小型船舶。

（2）近海运输。它是使用船舶通过大陆邻近国家海上航道运送客货的一种运输形式，视航程可使用中型船舶，也可使用小型船舶。

（3）远洋运输。它是使用船舶跨大洋进行运输的一种长途运输形式，主要使用运量大的大型船舶。

（4）内河运输。它是使用船舶在陆地内的江、河、湖、川等水道进行运输的一种运输形式，主要使用中、小型船舶。

二、水路货物运输船舶的经营方式

1. 班轮运输

根据中华人民共和国国家标准GB/T 18354—2021《物流术语》，班轮运输（见图4-1）是"在固定的航线上，以既定的港口顺序，按照事先公布的船期表航行的水上运输经营方式"。

图4-1　班轮运输

班轮运输又称定期船运输，是指按照规定的时间表，在一定的航线上，以既定的挂靠港顺序，有规则地从事航线上各港间货物运送的船舶运输。

（1）班轮运输的特点。

1）船舶按照固定的船期表、沿着固定的航线和港口来往运输，并以相对固定的运价率收取运费。

2）运价内已包括装卸费用，货物由承运人负责配载装卸，船货双方也不计算滞期费和速遣费。

3）船货双方的权利、义务、责任、豁免以船方签发的提单条款为依据，并受统一的国际公约的制约。

4)承运人对货物负责的时段从货物装上船起,到货物卸下船止,即"船舷至船舷"或"钩至钩"。

(2)班轮运输的优点。

1)有利于一般杂货和不足整船的小额贸易货物的运输。班轮只要有舱位,不论数量大小、挂港多少、直运或转运都可接受承运。

2)时间有保证,运价固定,为贸易双方洽谈价格和装运条件提供了方便,有利于开展国际贸易。

3)长期在固定航线上航行,有固定设备和人员,能够提供专门的、优质的服务。

4)由于事先公布船期、运价率,有利于贸易双方达成交易,减少磋商内容。

5)手续简单,货主方便。由于承运人负责装卸和理舱,托运人只要把货物交给承运人即可,省心省力。

2. 租船运输

根据GB/T 18354—2021,租船运输是"船舶出租人把船舶租给承租人,根据租船合同的规定或承租人的安排来运输货物的运输方式"。

租船运输(见图4-2)又称不定期船运输,是相对于定期船运输即班轮运输而言的另一种国际航运经营方式。由于这种经营方式需在市场上寻求机会,没有固定的航线和挂靠港口,也没有预先制订的船期表和费率本,船舶经营人与需要船舶运力的租船人是通过洽谈运输条件、签订租船合同来安排运输的,故称之为租船运输。

图4-2 租船运输

(1)租船运输的特点。

1)租船运输的营运组织取决于各种租船合同。

2)租船运输的运费或租金水平高低直接受租船合同签订时的航运市场行情波动影响。

3)租船运输中的有关船舶营运费用及开支情况取决于不同的租船方式,由船舶所有人和船舶承租人分担,并在租船合同中订明。

4)不定航线,不定租期。

5)租船运输主要服务于专门的货运市场,承运大宗货物,一般都是整船装运。

6）各种租船合同均有相应的标准合同格式。

（2）租船运输的种类见表4-1。

表4-1 租船运输的种类

种类	概述
航次租船	又称定程租船，是以航程为基础的租船方式。在这种租船方式下，船方必须按租船合同规定的航程完成货物运输服务，并负责船舶的经营管理以及船舶在航行中的一切开支费用，租船人按约定支付运费。航次租船的合同中规定装卸期限或装卸率，并计算滞期和速遣费
定期租船	船舶所有人将特定的船舶，按照租船合同的约定，在约定时间内租给承运人使用的一种租船运输方式
光船租船	又称船壳租船，在租期内，船舶所有人只提供一艘空船给承运人，除了收取租金外，对船舶及其经营不再承担任何责任和费用
包运租船	船舶所有人向承运人提供一定吨位的运力，在确定的港口之间，按事先约定的时间、航次周期和每航次较为均等的运量，完成合同规定全部货运量的一种租船运输方式

三、水路货物运输的优劣势

1. 水路货物运输的优势

（1）运输成本低，载重量大。水路货物运输能以最低的单位运输成本提供最大的货运量，尤其在运输大宗货物或散装货物时，采用专用的船舶运输，可以获得更好的技术、经济效果。

（2）平均运输距离长，通过能力强。

2. 水路货物运输的劣势

（1）受自然气象条件因素影响大。由于季节制约的程度大，因而一年中中断运输的时间较长。

（2）营运范围受到限制，灵活性小。如果没有天然航道，则无法运输。

（3）航行风险大，安全性略低。

（4）运送速度慢，准时性差，经营风险大。

任务实践活动

请以小组为单位，3~5人一组，按照步骤要求帮助张蓝完成任务。

步骤一：认识水路货物运输的含义和分类。

张蓝从不同的角度归纳了水路货物运输的分类，从而更进一步地认识了水路货物运输方式。请根据所学知识，进行小组讨论，完成认识水路货物运输的思维导图。

步骤二：清楚水路货物运输的优劣势。

张蓝将水路货物运输的优劣势做了对比，为日后进行货物运输方式的选择打下了基础。请根据所学知识，进行小组讨论，每组进行总结发言。

步骤三：描述水路船舶的经营方式。

张蓝分析了水运船舶的经营方式，明确了所任职的天津好盟物流运输有限公司近期开展的工作项目在船舶经营方式上属于租船运输。请根据所学知识，结合拓展阅读素材，进行小组讨论，描述水路船舶的经营方式。

任务评价

姓名		学号		专业			
活动名称			水路运输认知				
考核内容		考核标准	参考分值	学生自评	小组互评	教师评价	考核得分
素养评价	1	具有良好的沟通能力和团队合作精神	10				
	2	具有自主探究学习和总结分析的职业素养	10				
	3	具有家国情怀和民族自豪感	10				
知识评价	4	认识水路货物运输的概念和分类	15				
	5	清楚水路货物运输的优劣势	15				
技能评价	6	能够画出水路运输思维导图	10				
	7	能够对比水路货物运输的优劣势	15				
	8	描述水路货物运输船舶的经营方式	15				
总分			100				

内化与提升

小资料

天津港产城融合集聚资源延伸服务链

近年来，天津港加快推动北方国际航运核心区建设，航线通达全球180多个国家和地区的500多个港口。2024年1月至4月，天津港完成货物吞吐量1.88亿t，同比增长3.5%；集装箱吞吐量739.81万标箱，同比增长6.2%。2024年5月以来，天津港陆续开通中远海运南美东线、中远海运美东线、达飞海运中美线3条航线，为进口美洲的冷冻牛肉、矿产品、咖啡豆等商品，以及京津冀及周边地区出口日用品、化工品、汽车及零件等货物提供了便捷高效的海上物流通道。随着港产城融合发展，适港产业发展不断加快。天津市交通运输委相关负责同志表示，下一步将加快建设大港港区10万t级航道提升工程，提升天津港设施能级；量身定制服务京津冀和"三北"地区的服务方案，把港口"硬核"优势转化为区域经济社会高质量发展的强大引擎。

想一想：结合资料素材，进行小组讨论，请谈一谈你对我国水路运输发展的认识。

任务二　水路运输业务运作

任务背景

2023年8月，天津好盟公司的张蓝等人已经为客户天津华盛贸易有限公司（简称华盛贸易）早上发来的要运输的货物选择了以租船运输方式运输，现在需要组织货物运输。李琦要求张蓝等人根据货物进出口流程，协调装运港和目的港的相关人员完成此次海运工作。

> 1. 货物情况说明
> 品名：矿砂；数量：182686 t；合同价值：USD 4759490.12。
> 2. 船舶介绍
> 船名：LOWLANDSGLOR；LOA（全长）：289m；BEAM（宽）：45m；DRAT（吃水）：17.8m；舱口：9个。
> 3. 装货情况说明
> 装货港：澳大利亚昆士兰（GLADSTONE）；装载日期：2023年8月11日；离港日期：2023年8月15日；到达锚地日：8月28日22点；靠泊日：8月31日14点；离港日：9月5日凌晨；运行时间：14天。

张蓝等人应如何完成呢？

学习目标

知识目标

1. 掌握水路运输业务的内容。
2. 掌握海运进出口业务流程。

能力目标

1. 能够画出海运进出口业务流程图。
2. 能够处理海运进出口常规业务工作。

素养目标

1. 培养家国情怀，树立民族自豪感。
2. 培养良好的沟通能力和团队合作精神。
3. 培养快速准确搜集并总结有用信息的能力。

知识储备

一、水路运输业务的内容

（1）班轮运输业务。班轮运输业务包括揽货、订舱、装船、卸货和交付货物五个方面，具体流程如图4-3所示。

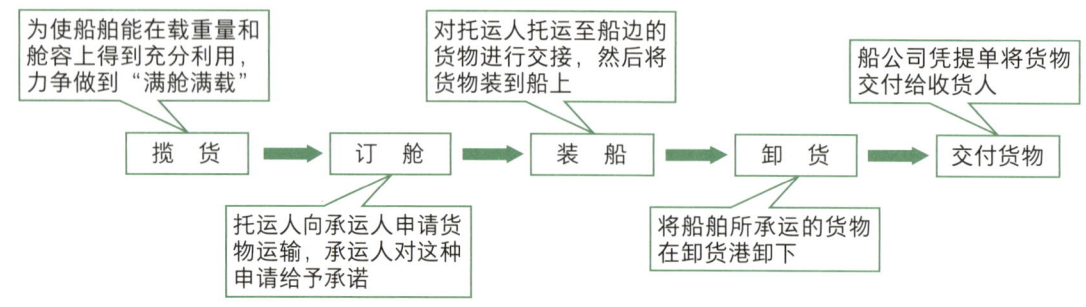

图4-3　班轮运输业务流程

（2）租船运输业务。租船运输业务主要包括询盘、报盘、还盘、接受和签订租船合同五个环节，具体流程如图4-4所示。

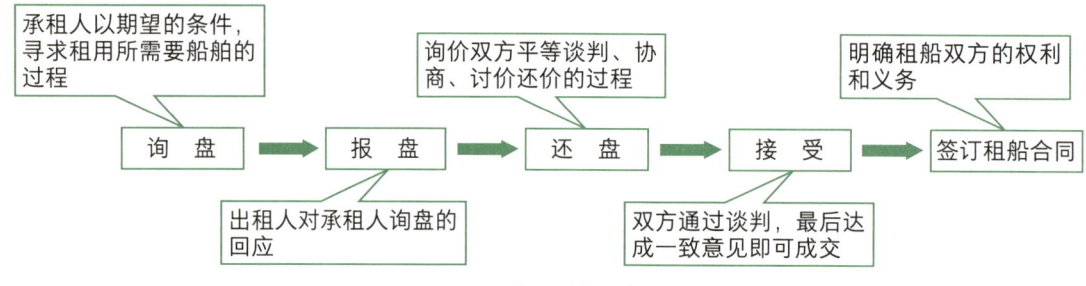

图4-4　租船运输业务流程

> **小贴士**
>
> 在选择海运承运人时应考虑的因素
>
> 1. 运输服务的定期性
>
> 若货物需要以固定的时间间隔运输，则应选择挂靠固定港口、使用固定费率、严格按船期表航行的班轮运输。
>
> 2. 运输速度
>
> 当托运人为了满足某种货物在规定日期内运到的需求时，就应该更多地考虑运输速度的问题。这时，只要能满足运输速度方面的要求，一般不会过多考虑费用高低的问题。
>
> 3. 运输费用
>
> 当运输的定期性和速度不是托运人考虑的主要因素时，运输费用的高低一般会成为需要考虑的最重要的因素。

4. 运输的可靠性

这是选择承运人时所需要考虑的又一重要因素。在选择一家船公司之前，独立地考察一下其实力和信誉是可取的做法，这会减少海事欺诈等问题的发生。

5. 经营状况

在选择海运承运人时，应该调查一下所选择的船舶所有人或经营人的经营状况及所要承担的责任。有时表面来看，某一船舶所有人对船舶享有所有权，而事实上，他将船舶抵押给银行并通过与银行的经营合同而成为船舶经营人。船舶经营人可能是定期租船人，按照租约，船东未及时收足额租金，可以留置经营人运输的货物。

二、海运进出口业务

1. 海运进口业务

海运进口业务是指根据贸易合同中有关运输条件，组织向国外的订货，通过海运方式运进国内的一种业务。海运进口业务流程如图4-5所示。

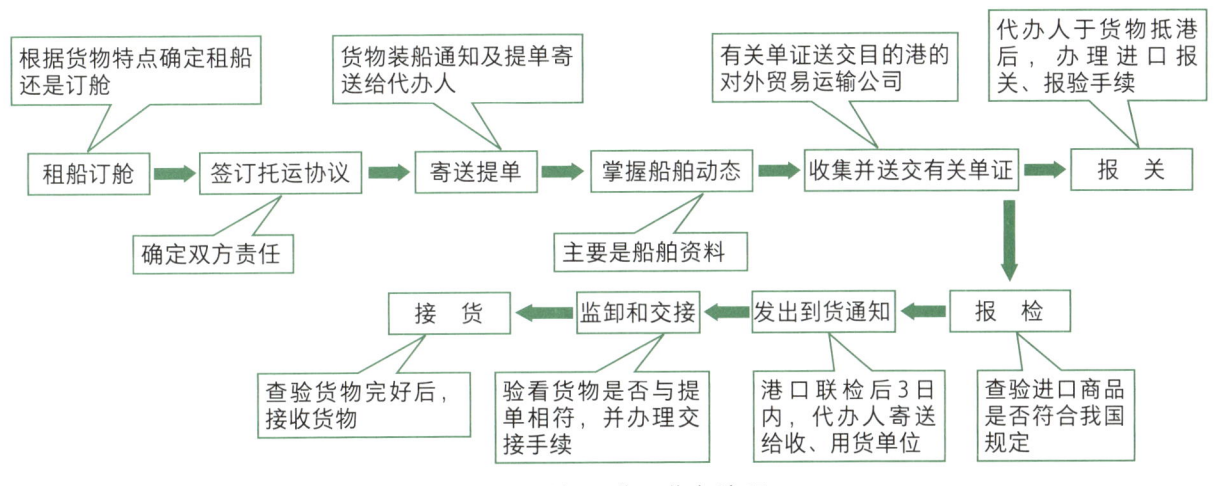

图4-5 海运进口业务流程

海运进口业务工作具体包括以下环节：

（1）租船订舱。根据贸易合同的规定，负责货物运输的一方要根据货物的性质和数量决定租船或订舱。不论租船或订舱，均需办理租船或订舱手续，一般均委托代理公司代为办理。在办理委托时，委托人需填写进口租船订舱联系单，提出具体的要求。

（2）签订海运进口货物国内代运委托协议书。委托人向代办人（对外贸易运输公司）提出代办海运进口货物国内港口交接和国内代运业务，双方签订《海运进口货物国内代运委托协议书》，作为交接、代运工作中双方责任划分的依据。

（3）寄送货物装船通知及提单。委托人收到国外发货人发出的货物装船通知后，立即转告代办人。同时，国外发货人按贸易合同确定的交货地向货运目的港或港口所在地的对外贸易运输公司发送货物装船通知及提单。

（4）掌握船舶动态。船舶动态主要包括船名、船籍、船舶性质、装卸港顺序、预抵港日期、船舶吃水，以及该船所载货物的名称、数量等方面的信息。船舶动态信息可获自各船公司提供的船期表、国外发货人寄来的装船通知、单证资料、发货电报，以及有关单位编制的进口船舶动态资料等。

（5）收集并送交有关单证。委托人通过结汇银行对外付汇、赎单后，在货物到港之前，按代办人的要求，将代运协议中提及的一切有关单证送交目的港的对外贸易运输公司。委托人凭正本提单向承运人或承运人的代理换取提货单（Delivery Order）。进口货物运输单证一般包括商务单证和船务单证两类。商务单证有贸易合同正本或副本、发票、提单、装箱单、品质证明书和保险单等；船务单证主要有装船通知、载货清单、货物积载图、租船合同或提单副本。

（6）报关。代办人收到委托人提交的单据、证件，于货物抵港后，按海关、商检、动植物检疫等有关部门的规定，办理进口报关、报验手续。进口货物向海关报关，填制进口货物报关单。报关单的内容主要有船名、贸易国别、货名、标记、件数、重量、金额、经营单位、运杂费和保险费等项，货主或代办人凭报关单、发票、品质证明书等单证向海关申报进口。办理报关的进口货物，经海关查验放行，缴纳进口关税后，方可提运。

（7）报检。进口货物按《中华人民共和国进出口商品检验法》的规定，必须向商检局申请办理检验、鉴定手续，查验进口商品是否符合我国规定或订货合同的有关规定，以保护买方利益。报验进口货物需填写进口商品检验申请单，同时需提供订货合同、发票、提单、装箱单、理货清单、磅码单、质保书、说明书、验收单、到货通知单等资料。凡列入商检机构实施检验的商品种类表（简称种类表）的进口商品，需接受法定检验；但表内所列商品如属援助物资、礼品、样品及其他非贸易物品，一般可免予检验。

（8）发出到货通知。在进口货物船舶抵达国内港口联检后3日内，代办人港口机构填制海运进口货物到货通知书，寄送给委托人或委托人指明的收、用货单位。委托人或收、用货单位收到到货通知书后，对该通知书逐项核对，如发现内容有误，用电报通知代办人港口机构纠正。如属于同一张提单内的货物需要分运几个地点，则须告知代办人港口机构，由代办人港口机构根据港口条件酌情受理。

（9）监卸和交接。

1）一般由船方申请理货，负责把进口货物按提单、标记点清件数，验看包装情况，分清后拨交收货人。监卸人员一般是收货人的代办人。监卸人员与理货人员密切配合，把好货物数量和质量关，要求港方卸货人员按票卸货，严禁不正常操作和混卸。

2）对已卸存库场的货物，应按提单、标记分别码垛、堆放。

3）对船边提货和危险品货物，根据卸货进度及时与车、船方面人员联系，做好衔接工作，防止卸货与拔运工作脱节而产生等车卸货或车到等货的现象。

4）对超限重大件货物，应事先提供正确的尺码和数量，以便准备接驳车，加速运输进度。

5）卸货后，检查有无漏卸情况。在卸货中如发现短损，应及时向船方或港方办理有效签证，并共同做好验残工作。

6）验卸时要注意查清：货物内的包装的残损和异状；货物损失的具体数量、重量和程度以及受损货物或短少货物的型号和规格；判断致残短少的原因。

（10）接货。代办人港口机构收到委托人或收、用货单位对到货通知的反馈后，根据委托人的授权代办加保手续和选择运输方式。在货物由港口发运后，另以承运部门的提货通知（运单）或发货通知书，通知委托人或收、用货单位据以收货。代运货物到达最终目的地时，收、用货单位与承运部门办理交接，查验铅封是否完好，外观有无异状，件数是否相符，是否发生残、短。如发现残、短，收、用货单位须及时向承运部门取得商务记录，于货到10日内交代办人向承运部门、保险公司或责任方办理索赔。如发现国外错装或代办人错发、错运、溢发，收、用货单位须立即采取措施，妥善保管货物，并及时通知代办人。

2．海运出口业务

海运出口业务是根据贸易合同有关运输条件，把授予国外客户的出口货物加以组织和安排，通过海运方式运到国外目的港的一种业务。海运出口业务流程如图4-6所示。

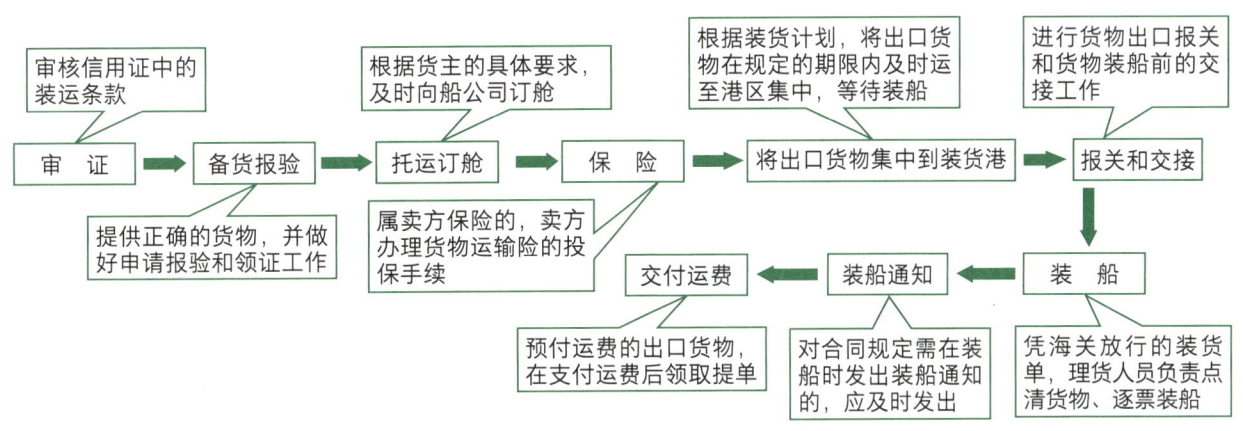

图4-6　海运出口业务流程

凡以CIF（成本、保险费加运费）、CFR（成本加运费）条件成交的出口货物，由卖方安排运输。其主要环节如下：

（1）审证。审核信用证中的装运条款：为使出运工作顺利进行，在收到信用证后，必须审核证中有关的装运条款，如装运期、结汇期、装运港、目的港，是否能转运或分批装运，以及是否指定船公司、船名、船籍和船级等，有的来证要求提供各种证明，如航线证明书、船籍证等。对这些条款和规定，应根据我国政策、国际惯例、要求是否合理和是否能办到等考虑接受或提出修改要求。

（2）备货报验。备货就是根据出口成交合同及信用证中有关货物的品种、规格、数量、包装等的规定，按时、按质、按量地准备好应交的出口货物，并做好申请报验和领证工作。冷藏货要做好降温工作，以保证装船时符合规定温度要求。

（3）托运订舱。编制出口托运单，即可向货运代理办理委托订舱手续。货运代理根据货主的具体要求按航线分类整理后，及时向船公司或其代理订舱。货主也可直接向船公司或其代理订舱。当船公司或其代理签出装货单，订舱工作即告完成，就意味着托运人和承运人之间的运输合同已经缔结。

（4）保险。货物订妥舱位后，属卖方保险的，即可办理货物运输险的投保手续。保险金额通常是以发票的CIF价加成投保（加成数根据买卖双方约定，如未约定，则一般加10投保）。

（5）将出口货物集中到装货港。当船舶到港装货计划确定后，按照港区进货通知并在规定的期限内，由托运人办妥集运手续，将出口货物及时运至港区集中，等待装船，做到批次清、件数清、标志清。向港区集中时，应按照卸货港的先后和货物积载顺序发货，以便按先后次序装船。对出口大宗货物，可联系港区提前发货。有船边现装条件的货物，也可按照装船时间将货物直送港区船边现装，以节省进仓出仓手续和费用。对危险品、重大件、冷冻货或鲜活商品、散油等需特殊运输工具、起重设备和舱位的货物，应事先联系安排好调运、接卸、装船作业。发货前要按票核对货物品名、数量、标记、配载船名、装货单号等项，做到单货相符和船货相符。要注意发货质量，发现有包装破损或残损时，应由发货单位负责修理或调换。

（6）报关和交接。货物集中港区后，发货单位必须向海关办理申报出口手续，这称作出口报关。通关手续极为烦琐又极其重要，如不能顺利通关，则无法完成交易。发货单位现场工作人员要严格按照港口规章，及时与港方仓库、货场办妥交接手续，做好现场记录，划清船、港、货三方面的责任。

（7）装船。海关放行后，发货单位凭海关加盖放行章的装货单与港务部门和理货人员联系，查看现场货物并做好装船准备，理货人员负责点清货物、逐票装船。港口装卸作业区负责装货，并按照安全积载的要求，做好货物在舱内的堆码、隔垫和加固等工作。在装船过程中，要派人进行监装，随时掌握装船情况和处理工作中所发生的问题。监装人员对一级危险品、重大件、贵重品、特种商品和驳船来货的装卸操作，要随时掌握情况，防止接卸和装船脱节。装船完毕，应将大副签发的收货单交原发货单位，凭此调换已装船提单。

（8）装船通知。对合同规定需在装船时发出装船通知的，应及时发出，特别是由买方自办保险的，如因卖方延迟或没有发出装船通知，致使买方不能及时投保或没有投保而造成损失的，卖方应承担责任。

（9）支付运费。船公司为正确核收运费，在出口货物集中港区仓库或库场后，申请商检机构对其衡量。凡需预付运费的出口货物，船公司或其代理人必须在收取运费后发给托运人运费预付的提单。如属到付运费货物，则在提单上注明运费到付，由船公司卸港代理在收货人提货前向收货人收取。

任务实践活动

请以小组为单位，3～5人一组，按照步骤要求帮助张蓝完成任务。

步骤一：明确任务、分配角色。

角色划分可参见表4-2中内容，根据实际情况进行调整。

表4-2 角色划分

参考角色	参考人数
客服人员	1
委托人	1
发货人	1
代办人	1
船方	1
监卸人员	1
理货人员	1
卸货人员	1
收货人	1

步骤二：画出海运流程图。

根据此次要运输的货物信息，可知是从澳大利亚进口的矿砂，绘制流程图如图4-7所示。

步骤三：组织进口货物运输。

1. 租船订舱

天津华盛贸易委托好盟公司办理货物进口运输业务，根据贸易合同的规定，好盟公司要根据货物的性质和数量决定租船或订舱。不论租船或订舱，均需办理租船或订舱手续。在办理委托时，委托人需填写进口租船订舱联系单，提出具体要求，如图4-8所示。

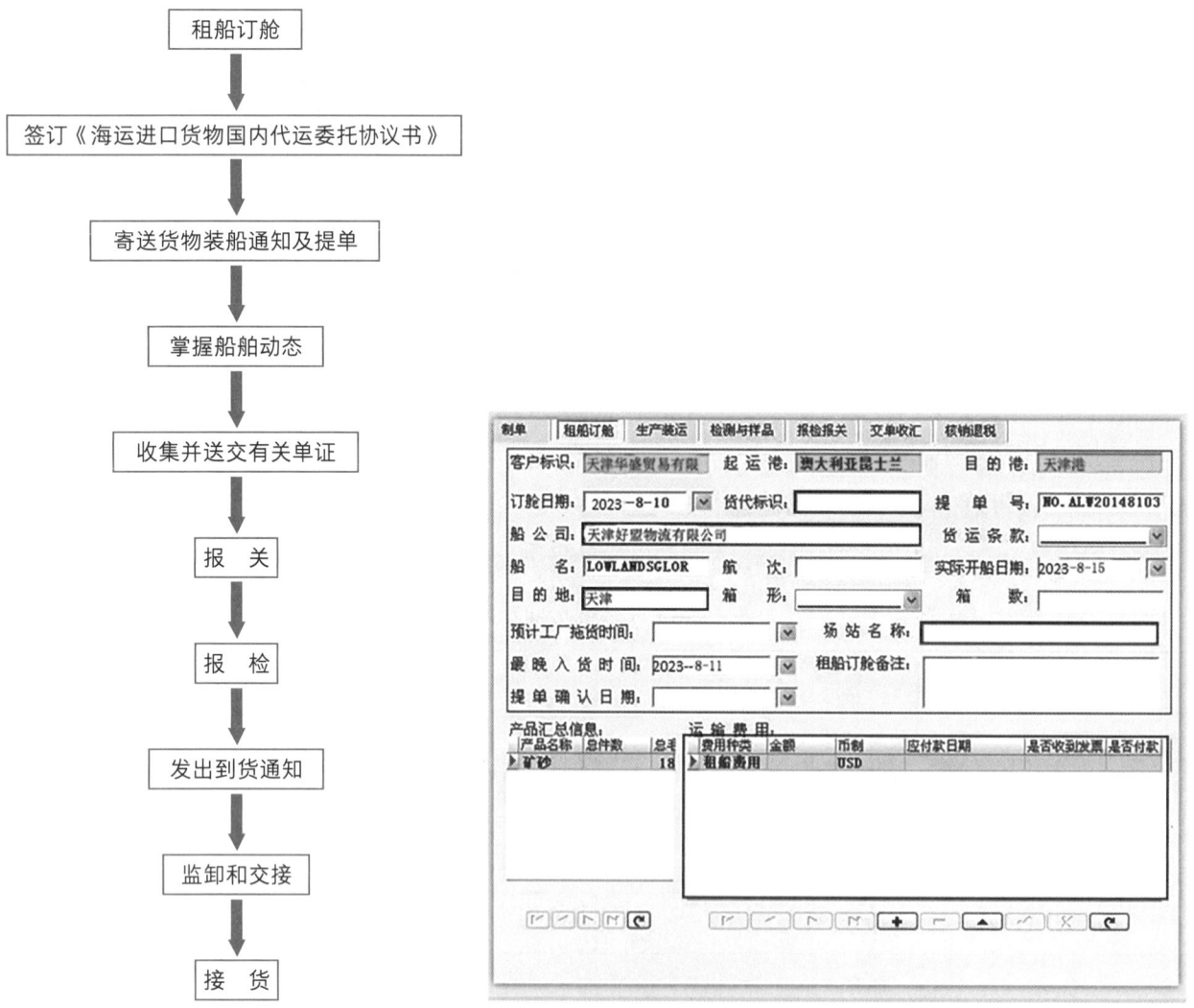

图4-7 海运进口业务流程　　　　图4-8 进口租船订舱联系单

2. 签订托运协议

华盛贸易向好盟公司代办人提出代办海运进口货物国内港口接交和国内代运业务，双方签订《海运进口货物国内代运委托协议书》（见表4-3），作为交接、代运工作中双方责任划分的依据。

表4-3　海运进口货物国内代运委托协议书样单

国 际 货 物 托 运 书
SHIPPER'S LETTER OF INSTRUCTION

始发站 Airport of Departure		到达站 Airport of Destination	
托运人姓名及地址 Shipper's Name & Address		运费 Charges	
		运费预付 P.P.	
		运费到付 C.C.	
收货人姓名及地址 Consignee's Name & Address		托运人声明价值 Shipper's Declared Value	
		保险金额 Amount of Insurance	
通知方 Notify Party		随附文件 Documents to Accompany Air Waybill	

标记及号码 Marks Number	货物名称 Description of Goods	件数 Number of Package	毛重 Gross Weight	净重 Net Weight	体积 Dimension
备注 Remarks					

注意：1. 托运人请证实以上所填全部属实并遵守承运人的一切运载章程
　　　2. 地址请用英语填写
　　　3. 货名请用中英文填写

托运人		日期	

3．寄送货物装船通知及提单

华盛贸易收到国外发货人发出的货物装船通知后，立即转告好盟公司代办人。同时，国外发货人按贸易合同确定的交货地向好盟公司客服发送货物装船通知及提单。

4．掌握船舶动态

船舶动态主要包括船名、船籍、船舶性质、装卸港顺序、预抵港日期、船舶吃水，以及该船所载货物的名称、数量等方面的信息。

船舶动态信息可获自各船公司提供的船期表、国外发货人寄来的装船通知、单证资料、发货电报以及有关单位编制的进口船舶动态等。

5．送交有关单证

华盛贸易通过结汇银行对外付汇、赎单后，在货物到港之前，将代运协议中提及的一切有关单证送交至好盟公司，凭正本提单向好盟公司的代理换取提货单。

6．报关

好盟公司的代办人收到提交的单据、证件，于货物抵港后，按海关、商检等有关部门的规定，办理进口报关、报验手续，如图4-9所示。

7. 报检

对进口商品进行查验，看是否符合我国规定，如图4-10所示。

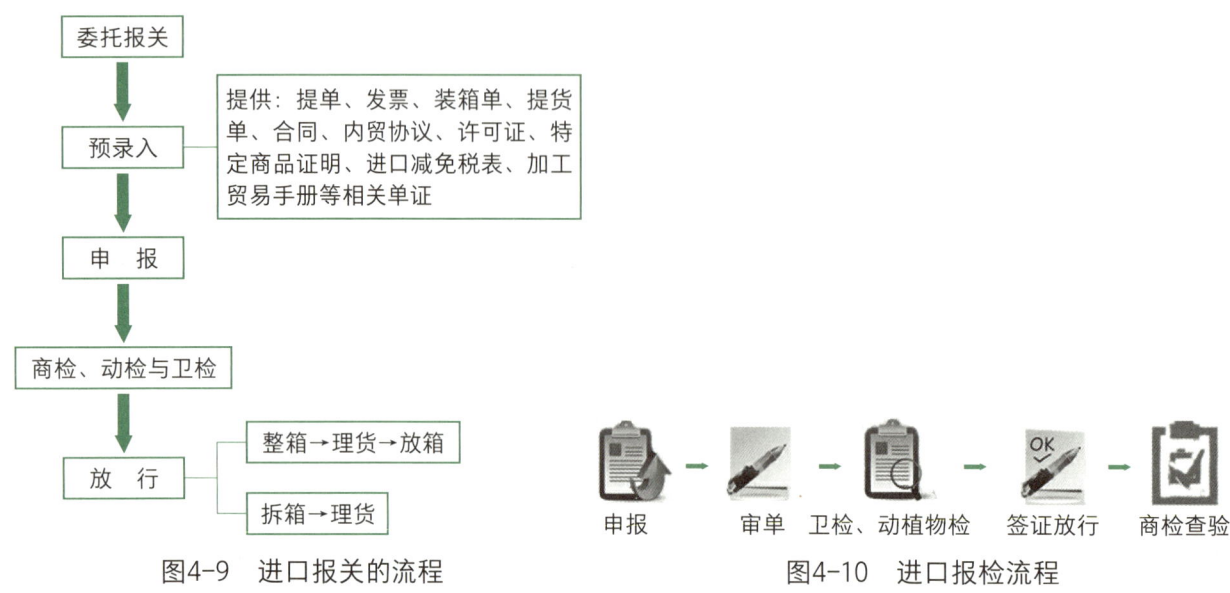

图4-9　进口报关的流程　　　　图4-10　进口报检流程

8. 发出到货通知

在进口货物船舶抵达国内港口联检后3日内，好盟公司的代办人港口机构填制海运进口货物到货通知书，寄送给收、用货单位。收、用货单位收到到货通知书后，对该通知书逐项核对，如发现内容有误，用电报通知代办人港口机构纠正。

9. 监卸和交接

监卸人员（一般是收货人的代办人）与理货人员密切配合，把好货物数量和质量关，要求港方卸货人员按票卸货，严禁不正常操作和混卸。

货物从大船卸毕后，要检查有无漏卸情况，在卸货中如发现短损，应及时向船方或港方办理有效鉴证，并共同做好验残工作。验残时要注意查清：

（1）货物内包装的残损和异状。

（2）货物损失的具体数量、重量和程度，以及受损货物或短少货物的型号、规格。

（3）判断并确定货物致残或短少的原因。

10. 接货

查验货物完好后，接收货物，如图4-11所示。

步骤四：检查评估。

检查整个海运作业流程的流畅性和准确性，并进行任务结果的评估。

图4-11　接货

任务评价

姓名		学号		专业				
活动名称		水路运输业务运作						
考核内容		考核标准		参考分值	学生自评	小组互评	教师评价	考核得分
素养评价	1	具有良好的沟通能力和团队合作精神		10				
	2	能利用网络快速准确搜集并总结有用信息		10				
知识评价	3	了解任务要求，分配角色		10				
	4	掌握水路运输的业务内容		10				
	5	掌握海运进出口业务流程		10				
技能评价	6	能画出海运流程图		20				
	7	能够处理海运进出口常规业务工作		20				
	8	能够准确、流畅地完成任务		10				
		总分		100				

内化与提升

1. 以小组为单位，结合本地的社会经济发展情况、交通运输情况、物流发展情况，讨论一下本地发展水路运输的有利条件和不利条件。在组织讨论前，学生先要进行一些调查研究，收集一些相关资料，最终每组以PPT的形式进行汇报。

船舶管理员的一天

2. 观看视频，看看船舶管理员是怎样进行一天工作的。

任务三 水路货物运单填制

任务背景

2023年9月12日，好盟公司水路运输项目部接到华盛贸易的业务，双方在天津签订海上货物运输合同，约定好盟公司派和平号货轮将华盛贸易的三个标准集装箱交天津港运至上海港，运价为150元/t。和平号货轮拟于9月24日抵港受载，装港时间为3天整。另外，合同就船舶在港时间、滞留期和违约责任等做了相应的规定。

集装箱内货品为纸箱包装的儿童电动遥控越野汽车,数量为900件,价值90000元,重量为50t,总体积为75m³(3m×4m×6.25m),装船费为500元/TEU。

公司请张蓝根据以上信息完成水路货物运单的填制。

注:TEU(Twenty-feet Equivalent Unit)是标准集装箱,是集装箱运量统计单位,以长20ft的标箱作为标准。

学习目标

知识目标

1. 了解水路货物运单的概念。
2. 熟悉水路货物运单样本。

能力目标

1. 能描述水路货物运单的填制要求。
2. 能根据实际需求,完成水路货物运单填写。

素养目标

1. 培养风险意识、责任意识、法律意识。
2. 培养自主探究的学习能力。
3. 培养沟通协作的团队精神。

知识储备

一、水路货物运单的概念

水路货物运单主要适用于江、海干线和跨省运输的水路货物运输。发货人在托运货物时,应按承运人的要求填写货物托运单,以此作为货物托运的书面申请。货物托运单是发货人托运货物的原始依据,也是承运人承运货物的原始凭证。

二、水路货物运单样本

水路货物运单样本如图4-12所示。

水路货物运单

船名：	航次		起运港			到达港		约定装船日期：　年　月　日		
托运人	全称			收货人	全称			约定运到期限：		
	地址、电话				地址、电话			费用结算方式		
	银行、账号				银行、账号			应收费用		
发货符号	货名	件数	包装	价值(元)	托运人确定		承运人确定		运费计算			费日	费率	金额(元)
					重量/t	体积/m³	重量/t	体积/m³	等级	费率(元/计费吨)	金额(元)	运费		
													合计	
												大写：		
合计												核算员		收款章
特约事项												复核员		
装船日期：　月　日　时至　月　日　时 运到时间：　月　日　时						收货人签章		托运人签章		承运人签章				
						船舶签章		年　月　日		年　月　日		年　月　日		

图4-12　水路货物运单样本

样本明细说明：

（1）此货物运单主要适用于江、海干线和跨省运输的水路货物运输。

（2）水路货物运单、货票一式六份，顺序如下：

第一份，货票（起运港存查联）。

第二份，货票（解缴联）起运港→航运企业。

第三份，货票（货运人收据联）起运港→托运人。

第四份，货票（船舶存查联）起运港→船舶。

第五份，货票（收货人存查联）起运港→船舶→到达港→收货人。

第六份，货物运单（提货凭证）起运港→船舶→到达港→收货人。

（3）除另有规定者外，属于港航分管的水路运输企业，由航运企业自行与托运人签订货物运输合同的，均使用航运企业的水路货物运单。

（4）货物运单联需用厚纸印刷，货票各联用薄纸印刷，印刷墨色应有区别：解缴联为红色，收据联为绿色，其他各联为黑色。

（5）要印控制号码或固定号码。

（6）到达港收费，另开收据。

（7）规格：长19cm、宽27cm。

三、水路货物运单的内容

《货运物流实用手册》指出，水路货物运单应包含下列内容：

（1）货物名称。

（2）重量、件数，按体积计费的货物应载明体积。

（3）包装。

（4）运输标志。

（5）起运港和到达港，海江河联运货物应载明换装港。

（6）托运人、收货人名称及其详细地址。

（7）运费、港口费和有关的其他费用及其结算方式。

（8）承运日期。

（9）运到期限（规定期限或商定期限）。

（10）货物价值。

（11）双方商定的其他事项。

四、水路货物运单的填制要求

（1）一份水路货物运单填写一个托运人、收货人、起运港、到达港。如同一托运人的货物分别属于到达港的两个或两个以上收货人，则应分别填制托运单。

（2）托运的货物虽属于同一个托运人、收货人，但托运多种货物，且其中有的货物性质不相容时，也不能填制在同一张托运单内。

（3）危险货物的托运应填制专门的危险货物托运单，即红色托运单。

（4）货物内容填制应完整、准确，如在同一张托运单内托运多种品名的货物，应分别详尽注明货物的名称。

（5）收、发货人的名称、地址应详细，以免错运。

（6）对货物件数、重量、体积、包装、标志等内容的描述应与实际托运的货物相符。

（7）特殊货物的托运应根据该货物的运输要求填制。

（8）制作托运货物的标志。

任务实践活动

请以小组为单位，3～5人一组，按照步骤要求帮助张蓝完成任务。

步骤一：角色分配（小组同学分别扮演托运方和承运方），根据任务背景，进行业务洽谈和信息交流。

步骤二：根据所学内容，分析并列举水路货物运单样本包含的内容。

步骤三：结合水路货物运单的填制要求，填写水路货物运单（见表4-4），帮助张蓝完成任务。

表4-4 水路货物运单

水路货物运单

交接清单号码　　　　　　　　　　　　　　　　　　　　　　　　　　运单号码

船名航次		起运港		到达港		收货人(章)
托运人	全　称		收货人	全　称	到达日期	
	地址、电话			地址、电话	(承运人章)	
	银行、账号			银行、账号		

发货符号	货品名称	件数	包装	价值(元)	托运人确定			计费重量		等级	应收费用			
					重量/t	体积[(长/m)×(宽/m)×(高/m)]		重量/t	体积/m³		项目	费率	金额	
											运费			
											装船费			
合计											总计			
运到期限(或约定)											托运人(签章)日期			核算员
特约事项											承运人(签章)日期			复核员

任务评价

姓名		学号		专业		
活动名称		水路货物运单填制				
考核内容		考核标准	参考分值	学生自评	小组互评	教师评价	考核得分
素养评价	1	具有良好的风险意识、责任意识、法律意识	10				
	2	具有自主探究的学习能力	10				
	3	具有沟通协作的团队精神	10				
知识评价	4	了解水路货物运单的概念	10				
	5	掌握水路货物运单的内容	10				
	6	熟悉水路货物运单样本	10				
技能评价	7	能描述水路货物运单的填制要求	20				
	8	能根据实际需求，完成水路货物运单填制	20				
总分			100				

内化与提升

小知识

1. 托运单

托运单是托运人填写并盖章确认的、专门用于委托承运人或承运人代理人填开货运单的一种表单。表单上列有填制货运单所需要的各项内容，一般包括托运人、收货人、通知人、装货港、卸货港、目的港、货物品名及规格、件数及包装、唛头/号码、毛重、尺码（体积）、费用确认、托运人签名及盖章等。

托运单的作用有：托运单是办理货物托运订舱的凭证；托运单是船公司接受订舱、安排运输、组织装运、转运、联运等作业的依据；托运单是托运人与承运人之间运输契约的书面记录；托运单是出口货物报关的货运单据；托运单是承运人签发提单的原始依据。

2. 提单

提单（Bill of Lading，B/L）是承运人或其代理人收到货物后，应托运人的要求出具的货物收据，也是承运人所签署的运输契约的证明。提单还代表所载货物的所有权，是一种具有物权特性的凭证。

提单的作用有：提单是货物收据；提单是运输契约证明；提单是物权凭证。

任务四　水路货物运费核算

任务背景

2023年10月12日，张蓝等人已经掌握了水路运输的组织。李琦认为，只要再学会计算水路货物运费，张蓝等人就基本掌握水路运输方面的知识了，所以，他交给张蓝等人客户天津五金制造厂要运输的信息：天津运往肯尼亚蒙巴萨港一批门锁（小五金）计100箱，每箱体积为20cm×30cm×40cm，每箱重量为25kg。当时燃油附加费为40%，蒙巴萨港口拥挤附加费为10%。要求查阅相关资料，计算天津运往肯尼亚蒙巴萨港的应付运费。

张蓝应怎么计算呢？

学习目标

知识目标

1. 掌握班轮运输费用的构成。
2. 掌握班轮运输费用的具体计算方法。
3. 了解不定期船费用或租金的计算。

能力目标

1. 能计算简单的班轮运费。
2. 能根据水路运价的种类准确地判断货物运价类型。

素养目标

1. 培养学生的风险意识、责任意识、法律意识。
2. 培养学生自主探究的学习能力。
3. 培养学生沟通协作的团队精神。

知识储备

一、班轮运费的计算

1. 班轮运费的构成

班轮运费包括基本运费和附加费两部分。前者是指货物从装运港到卸货港所应收取的基本运费,它是构成全程运费的主要部分;后者是指对一些需要特殊处理货物,或者突然事件的发生或客观情况变化等原因而需另外加收的费用。

2. 班轮运费计算标准

在班轮运价表中,根据不同的商品,班轮运费的计算标准通常采用下列几种,见表4-5。

表4-5 班轮运费的计算标准

计算标准	运价表示	内容
按货物毛重(重量吨)计收	W	按此法计算的基本运费等于计重货物的运费吨乘以运费率
按货物的体积(尺码吨)计收	M	按此法计算的基本运费等于容积货物的运费吨乘以运费率
按毛重或体积计收	W/M	由船公司选择其中收费较高的作为计费吨
按货物价格计收	AV	从价运费一般按货物离岸价格(FOB)的一定百分比收取。按此法计算的基本运费等于货物的离岸价格(FOB)乘以从价费率(一般为1%~5%)
在货物重量、尺码、价值三者中选择最高的一种计收	W/M or ad val	—
按货物重量或尺码最高者,再加上从价运费计收	W/M plus ad val	—
按每件货物作为一个计费单位收费	—	如活牲畜按"每头"(per head)、车辆按"每辆"(per unit)收费
临时议定价格	open	由货主和船公司临时协商议定。此类货物通常是低价的货物或特大型的机器等

3. 附加费

在班轮运输中,常见的附加费见表4-6。

表4-6 常见的附加费

附加费	内容
超重附加费	单件货物重量超过一定限度而加收的费用
超长附加费	单件货物长度超过规定长度而加收的费用
选卸附加费	装货时尚不能确定卸货港,要求在预先提出的两个或两个以上港口中选择一港卸货,船方因此而加收的附加费
转船附加费	凡运往非基本港的货物,需转船运往目的港,船舶所收取的附加费,其中包括转船费(包括换装费、仓储费)和二程运费
直航附加费	运往非基本港的货物达到一定的数量,船公司可安排直航该港而不转船时所加收的附加费
港口附加费	当船舶需要停靠的港口存在某些特殊情况(如港口条件差、装卸效率低、运营成本高、管理费用等),船方为弥补额外成本而向货方增收的费用
港口拥挤附加费	有些港口由于拥挤,致使船舶停泊时间增加而加收的附加费。该项附加费随港口条件改善或恶化而变化
燃油附加费	因燃油价格上涨而加收一绝对数或按基本运价的一定百分数加收的附加费
货币贬值附加费	在货币贬值时,船方为保持其实际收入不致减少,按基本运价的一定百分数加收的附加费
绕航附加费	因战争、运河关闭、航道阻塞等原因造成正常航道受阻,必须临时绕航才能将货物送达目的港需增加的附加费

4. 具体计算方法

先根据货物的英文名称，从货物分级表中查出有关货物的计算等级及其计算标准，然后从航线费率表中查出有关货物的基本费率，最后加上各项需支付的附加费率，所得的总和就是有关货物的单位运费（每重量吨或每尺码吨的运费），再乘以计费重量吨或尺码吨，即得该批货物的运费总额。如果是从价运费，则按规定的百分率乘离岸价格即可。

计算公式为

$$F=F_b+\sum S$$

式中，F表示运费总额；F_b表示基本运费；S表示某一项附加费。

基本运费是所运货物的数量（重量或体积）与规定的基本费率的乘积，即

$$F_b=FQ$$

式中，F表示基本费率；Q表示货运量（运费吨）。

附加费是指各项附加费的总和。在多数情况下，附加费按基本运费的一定百分比计算。其公式为

$$\sum S=(S_1+S_2+\cdots+S_n)F_b=(S_1+S_2+\cdots+S_n)FQ$$

式中，S_1，S_2，…，S_n为各项附加费，用F_b的百分数表示。

二、不定期船运费或租金的计算

不定期船运费或租金的计算方法见表4-7。

表4-7 不定期船运费或租金的计算方法

类型	不定期船运费计算	不定期船租金计算	程租船运费计算
计算方法	运费等于船舶（或某舱）的承载能力乘以合同所定的运费率	租金等于每载重吨每日租金率乘以船舶夏季总载重量再乘以合同租期	程租船费用主要包括程租船运费和装卸费，另外还有速遣费、滞期费等程租船运费，指货物从装运港至目的港的海上基本运费 计算方法：①按运费率；②整船包价

🖉 任务实践活动

步骤一：查阅货物分级表。

门锁属于小五金类，其计收标准为W/M，等级为10级。

步骤二：计算货物的体积和重量。

100箱的体积为（20cm×30cm×40cm）×100=2400000cm^3=2.4m^3。

100箱的重量为25kg×100=2500kg=2.5t。

由于2.4m^3的计费吨小于2.5t，因此计收标准为2.5t。

步骤三：查阅"中国—东非航线等级费率表"。

"中国—东非航线等级费率表"见表4-8。

表4-8　中国—东非航线等级费率表

货名	计算标准	等级	费率（元/t）
农业机械	W/M	9	404.00
棉布及纺织品	M	10	443.00
小五金及工具	W/M	10	443.00
玩具	M	20	1120.00

基本港口：路易港（毛里求斯）、达累斯萨拉姆（坦桑尼亚）、蒙巴萨（肯尼亚）等

查阅表4-8，得知小五金的等级为10级，费率为443元/t，则基本运费为443元/t×2.5t=1107.5元。

步骤四：计算附加运费。

附加运费为1107.5元×（40%+10%）=553.75元。

综上可知，从天津运往肯尼亚蒙巴萨港100箱门锁，其应付运费1107.50元+553.75元=1661.25元。

任务评价

检查整个任务实践活动的流畅性和准确性，并进行任务结果的评估。

姓名			学号		专业	
活动名称			水路货物运费核算			
考核内容		考核标准	参考分值	学生自评	小组互评	教师评价	考核得分

考核内容		考核标准	参考分值	学生自评	小组互评	教师评价	考核得分
素养评价	1	具有良好的风险意识、责任意识、法律意识	10				
	2	具有自主探究的学习能力	10				
	3	具有沟通协作的团队精神	10				
知识评价	4	掌握班轮运输费用的构成	10				
	5	掌握班轮运输费用的具体计算方法	10				
	6	了解不定期船费用或租金的计算	10				
技能评价	7	能计算简单的班轮运费	20				
	8	能根据水路运价的种类准确地判断货物运价类型	20				
		总分	100				

内化与提升

1. 从天津运往肯尼亚蒙巴萨港的一批农业机械共10箱，每箱毛重4000kg，每箱长

2m、宽1.5m、高1m，运输需加收燃油附加费10%和港口附加费10%。根据表4-8中国—东非航线等级费率表可知，该批货物计收运费标准为W/M，试计算这批货物应付多少运费。

2. 观看视频，深入理解水路货物运输费用的计算。

水路货物运输费用计算

> **巩固提高**

一、单项选择题

1. 在水路货物运输中，散装货物通常按（　　）交接。
   A. 体积　　　　B. 重量　　　　C. 件数　　　　D. 面积
2. 使用船舶跨大洋的长途运输形式，属于（　　）。
   A. 沿海货物运输　　　　　　B. 近海货物运输
   C. 远洋货物运输　　　　　　D. 内河货物运输
3. 使用船舶在陆地内的江、河、湖、川等水道进行运输的一种方式是（　　）。
   A. 沿海货物运输　　　　　　B. 近海货物运输
   C. 远洋货物运输　　　　　　D. 内河货物运输
4. 京杭运河上的水路运输属于（　　）。
   A. 沿海货物运输　　　　　　B. 近海货物运输
   C. 远洋货物运输　　　　　　D. 内河货物运输
5. 航次租船运输是船舶出租人提供船舶的全部或者部分舱位，装运约定的货物，由（　　）支付约定运费的运输形式。
   A. 承租人　　　B. 承运人　　　C. 货主　　　　D. 货代
6. 在承担时间要求不太强的大宗、廉价货物的中长距离运输时，最经济的运输方式是（　　）。
   A. 铁路　　　　B. 公路　　　　C. 管道　　　　D. 水路
7. （　　）是使用船舶通过大陆附近沿海航道运送客货的一种方式。
   A. 沿海货物运输　　　　　　B. 近海货物运输
   C. 远洋货物运输　　　　　　D. 内河货物运输
8. （　　）是指按毛重或体积计收。
   A. W　　　　　B. W/M　　　　C. M　　　　　D. open

二、多项选择题

1. 根据货物的包装形式不同，水路货物运输可以分为（　　）。
   A. 散装货物运输　　　　　　B. 成件货物运输
   C. 集装箱货物运输　　　　　D. 舱面装载货物运输

2. 沿海货物运输多为（　　　）。
   A. 内贸运输　　　　　　　　　B. 外贸运输
   C. 国内两个港口间运输　　　　D. 国际运输
3. 发货单位现场工作人员要严格按照港口规章，及时与港方仓库、货场办妥交接手续，做好现场记录，划清（　　　）的责任。
   A. 船方　　　B. 港口方　　　C. 货主　　　D. 理货人员
4. 货物运输代理可代表货主办理进出口货物的（　　　）等项业务。
   A. 报关　　　B. 交接　　　C. 仓储　　　D. 租船订舱
5. 水路运输的特点包括（　　　）。
   A. 开发利用涉及面较广　　　　B. 对综合运输的依赖性强
   C. 便于开展国际货物运输　　　D. 货运量大
6. 水路运输的优势表现在（　　　）。
   A. 运输量大　　B. 耗能少　　C. 投资省　　　D. 土地占用少
7. 水路运输的劣势包括（　　　）。
   A. 受自然条件影响大　　　　　B. 运输速度低，且灵活性小
   C. 连续性差　　　　　　　　　D. 污染性小
8. 水路运输可分为（　　　）。
   A. 近海运输　　B. 内河运输　　C. 沿海运输　　D. 远洋运输

三、判断题

1. 水路运输是最古老的运输方式。（　　　）
2. 租船运输业务主要包括询盘、报盘、还盘、接受和签订租船合同五个环节。（　　　）
3. 水路货物运输几乎涉及与运输相关的所有当事人，如托运人、收货人、承运人、船务代理及货运代理。（　　　）
4. 船务代理人和货运代理人的服务对象可以是船公司，也可以是货主。（　　　）
5. 订舱代理不一定是船代理，也可以是船公司委托货运代理帮助揽货。（　　　）

四、计算题

1. 出口某商品10t，箱装，每箱毛重25kg、体积20cm×30cm×40cm。查表知该货为8级，计费标准为W/M，每运费吨运费80美元，另征收转船附加费20%，燃油附加费10%。计算该批商品的运费。

2. 从大阪运往天津一批自行车及零件共200箱，计收运费标准W/M，每箱毛重25kg，每箱长49cm、宽32cm、高19cm，基本运费率每运费吨60美元，特殊燃油附加费5%，港口拥挤费为10%。试计算应付多少运费。

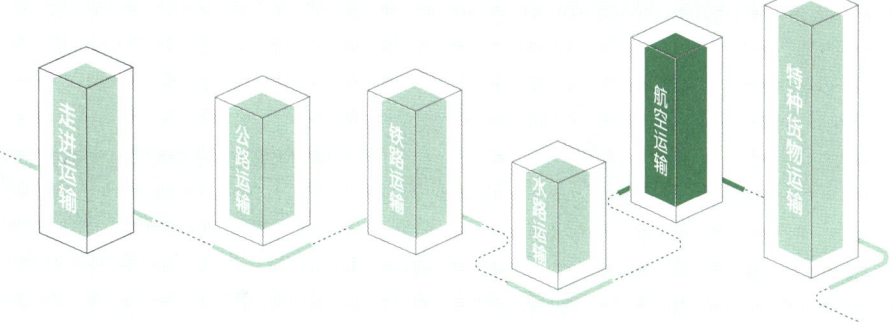

模块五
航空运输

> **知识导图**

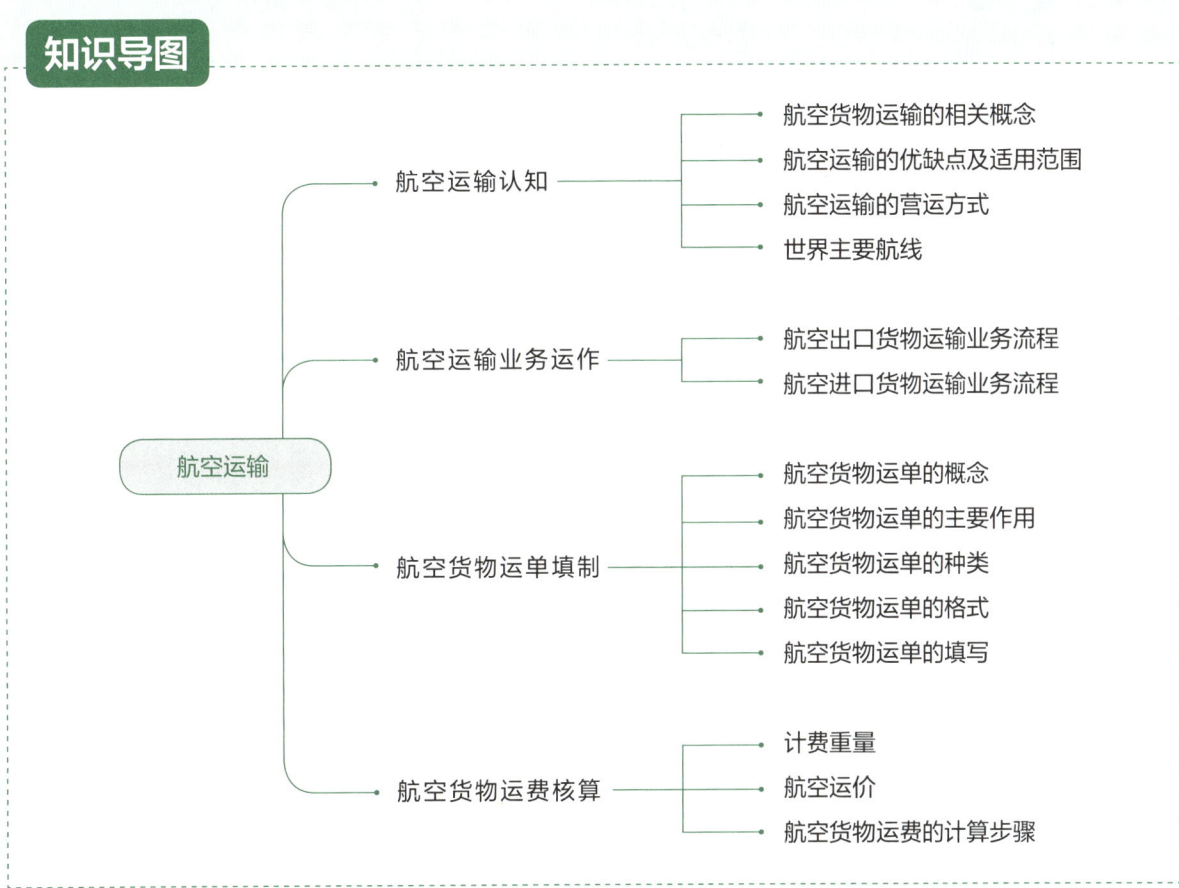

> **模块简介**

　　随着我国改革开放的不断深入及国际贸易的不断扩大，我国的国际航空货物运输业务量迅速增长。航空货物运输是现代物流运输的重要组成部分，其提供了安全、快捷、方便和优质的服务。航空货物运输以其迅速、安全、准时赢得了相当大的市场。因此，我国民航业急需一批航空货运方面各个层次的技能型人才。本模块主要进行航空运输认知、航空运输业务运作、航空货物运单填制及航空货物运费核算 4 个任务的学习。

任务一　航空运输认知

任务背景

2023年9月21日，好盟公司接受了天津商贸集团张先生的订单，他有一批鲜花需要从天津运给深圳的李女士，要求一天内送达。货物的具体情况如下：

物品：玫瑰花　　　　箱数：20箱　　　　数量：200束/箱

单价：10元/束　　　尺寸：60cm×50cm×60cm

毛重：10kg/箱

请根据以上资料完成以下任务：

（1）为该批货物选择合适的运输方式。

（2）在为该批货物所选运输方式中选择一种合适的营运方式。

学习目标

知识目标

1. 熟悉航空货物运输的概念。
2. 掌握航空货物运输的特点。
3. 掌握航空运输的营运方式。

能力目标

能够根据空运货物的种类选择合适的营运方式。

素养目标

1. 培养良好的沟通能力和团队合作精神。
2. 培养安全意识和良好的职业行为规范。

航空运输的认知

知识储备

一、航空货物运输的相关概念

航空货物运输是指一地的货物通过航空器运往另外一地的运输。这种运输包括市区与机场的地面运输。这是一种速度快、安全性高、服务优良且能够覆盖全球的运输方式，是现今物流运输中必不可少的一部分。在全球贸易中，航空货物运输在货物运输方式中占有重要的地位。其运输时间短、安全性高、准确性佳等特点，使得很多高价值、易损、急需送达的货物都选择航空运输。

航空运输在我国的发展也得到了极大的推动。现代化的管理方式和先进的技术设备，使我国的航空货物运输日趋成熟。航空货物运输可以分为国际航空货物运输和国内航空货物运输，其服务范围广阔，能满足各类货物运输的需求。

国内航空货物运输是指货物运输的始发、经停和目的站都在同一国境内的运输。本书所论述的国内货物运输是指货物的始发、经停和目的站都在中华人民共和国国境内的运输。国际航空货物运输是指货物运输的始发、经停和目的站中至少有一地不在同一国境内的运输。

二、航空运输的优缺点及适用范围

1. 航空运输的优点

（1）时效性强，运送速度快。从航空业诞生之日起，航空运输就以快速而著称。现代喷气式飞机的时速在900km/h左右，比轮船快20～30倍，比火车快7～12倍。快捷的交通工具大大缩短了货物在途时间，对于那些易腐烂、变质的鲜活商品，时效性、季节性强的报刊、节令性商品，以及抢险、救急品的运输，这一优点显得尤为突出。可以说，快速加上全球密集的航空运输网络，才使人们从前可望而不可即的鲜活商品有可能开辟远距离市场，使消费者享有更多的利益。

运送速度快、在途时间短，也使货物在途风险降低，因此，许多贵重物品、精密仪器也往往选择航空运输的形式。当今国际市场竞争激烈，航空运输所提供的快速服务使供货商可以对国外市场瞬息万变的行情即刻做出反应，迅速推出适销产品占领市场，从而获得较好的经济效益。

（2）不受地面条件影响，深入内陆地区。航空运输利用天空这一自然通道，不受地理条件的限制，对于地面条件恶劣、交通不便的内陆地区非常合适，有利于当地资源的出口，促进当地经济的发展。

航空运输使本地与世界相连，对外的辐射面广，而且航空运输相较公路运输与铁路运输占用土地少，对寸土寸金、地域狭小的地区发展对外交通无疑是十分适合的。

（3）安全、准确。这里所说的安全有两方面含义：一是由于飞机在运输途中发生事故的概率是0.05‰～0.1‰，远远低于地面或水上运输情况，即运输工具本身的安全系数比较大；二是由于现代喷气式运输机的飞行高度一般在1万m以上，不受低空气流的影响，飞行平稳，可以减少运输过程中由于挤压等原因造成的货物损坏。另外，由于航空货物运输的中间环节少，因此，运输过程中货物遗失、被盗风险也就相应地少得多，即托运人托运的货物本身比较安全。因此，从这一点来看，航空货运更适用于精密仪器、价值高、易碎等货物的运输。

（4）节约包装、保险、利息等费用。由于采用航空运输方式，货物在途时间短、周转速度快，企业存货可以相应减少。这一方面有利资金回收，减少利息支出；另一方面，企业仓储费用也可以降低。又由于航空货物运输安全、准确，货损、货差少，保险费用较低。并且，与其他运输方式相比，航空运输的包装简单，包装成本低。这些都构成企业隐性成本的下降和收益的增加。

2．航空运输的缺点

（1）航空运输成本高。航空运输成本高也是从两方面来说的：一是飞机本身的机舱容积和载重量有限，以及价格不菲的飞机本身及航材，加上日益严重的世界能源危机使得航空燃油价格持续上涨等诸多因素，造成运输成本高；二是航空运输行业的高成本要转嫁到消费者身上，包括开拓航线、修建机场和机场维护、燃料、飞行员薪水、飞机的修护保养等方面的支出都需要大量资金，这就给利用航空运输的单位或个人带来经营成本的增加。

（2）载货量有限。航空运输由于受到技术和气候等因素影响，其载重量是非常有限的。目前最大的货运飞机An-225最大载重量为250t，相对于铁路和水路运输仍是非常小的。

（3）受气候影响大。由于航空运输运行的空间在空中，因此气候的变化对其影响巨大，如大雾、台风、气旋等恶劣气候可能对其运输是致命的。所以，气候因素也成为影响航空运输经济效率的重要指标。

3．航空运输的适用范围

（1）价值高、重量低、体积小的货物运输。由于航空运输载重量小、运输费用高的特点，所以适合使用航空运输的货物必须能承担得起运费，同时不能超出航空运输的载重量，如高科技产品、奢侈品等。

（2）紧急和救援物资运输。由于航空运输的速度是目前所有运输方式中最快的，而且不受地形影响，因此适合需要紧急运送的货物，如鲜花、药品、鲜活产品等，同时适用于紧急救援运输。

三、航空运输的营运方式

航空运输的营运方式主要包括班机运输、包机运输、集中托运和航空快递业务。

1．班机运输

班机是指具有固定开航时间、航线和停靠航站的飞机，通常为客货混合型飞机。班机运输的货舱容量较小、运价较贵，但由于航期固定，有利于客户安排鲜活商品或急需商品的运送。班机运输有以下特点：

（1）迅速准确。由于班机具有固定航线、固定始发站和目的站、固定航期及固定停靠站等特点，因此国际货物流通多使用班机运输方式，能安全、迅速地到达世界上各通航地点。

（2）方便货主。收、发货人可以确切掌握货物起运和到达时间，这对市场上急需的商品、鲜活易腐货物及贵重商品的运送是非常有利的。

（3）舱位有限。班机运输一般为客货混载，因而舱位有限，不能满足大批量货物的出运，往往需要分散分批运输。

2．包机运输

包机运输是指航空公司按照约定的条件和费率，将整架飞机租给一个或若干个包机人，从一个或几个航空站装运货物至指定目的地。这里的包机人指发货人或航空货运代理公司。包机运输适合大批货物的紧急运输，费用低于班机运输，但运送时间比班机运输长一些。

包机运输可分为整架包机和部分包机两种形式。

（1）整架包机。整架包机即包租整架飞机，是指航空公司按照与包机人事先约定的条件及费用，将整架飞机租给包机人，从一个或几个航空港装运货物至目的地。这种方式适用于运输大批量货物。但整架包机的租期要在货物装运前一个月与航空公司联系，以便航空公司安排运载和向起降机场及有关政府部门申请、办理过境或入境的有关手续。

包机的费用是一次一议，随国际机场供求情况变化而调整。中国民航包机运费是按照每一飞行公里固定费率核收，并对空驶里程按每一飞行公里运价的80%收取空驶费。因此，大批量货物使用包机时，要争取来回程都有货载，这样费用比较低，如果使用单程载货运费较高。

（2）部分包机。几家航空货运公司或发货人联合包租一架飞机，或者航空公司把一架飞机的舱位分别卖给几家航空货运公司装载货物，就是部分包机。它主要用于托运不足整架飞机的舱位，但货量又较重的货物运输。

包机运输与班机运输相比，有一些不同之处：首先，时间比班机运输要长。尽管部分包机有固定时间表，往往因其他原因而不能按时起飞，但运费比班机运输低。其次，各国政府为了保护本国航空公司的利益，常对从事包机运输业务的外国航空公司实行各种限制。例如，降落地点受到限制，如要降落到指定地点外的其他地点，必须向当地政府的有关单位申请，经过同意后才能降落。因此，包机运输的活动范围比较狭窄。目前，部分包机形式在西欧和我国香港之间开办较多。

包机的优点如下：①解决班机舱位不足的矛盾；②货物全部由包机运出，节省时间和多次发货的手续；③弥补没有直达航班的不足，且不用中转；④减少货损、货差或丢失的情况；⑤在空运旺季缓解航班紧张状况；⑥解决海鲜、活动物等的运输问题。

3．集中托运

集中托运可以采用班机或包机运输方式，是航空货运代理公司将若干批单独发运的货物集中成一批向航空公司办理托运，填写一份总运单送至同一目的地，然后由其委托当地的代理人负责分发给各个实际收货人。这种运输方式可降低运费，是航空货运代理的主要业务之一。

> **小贴士**
>
> 集中托运的限制：
> （1）集中托运只适合办理普通货物，对于等级运价的货物，如贵重物品、危险品、活动物以及文物等，不能办理集中托运。
> （2）目的地相同或临近的可以办理，如某一国家或地区，其他则不宜办理。

4．航空快递

航空快递是由一个专门经营该项业务的公司与航空公司合作，通常为航空货运代理公司或航空速递公司派专人以最快的速度在货主、机场和客户之间运送和交接货物的运输方式。该项业务是两个空运代理公司之间通过航空公司进行的，是最快捷的一种运输方式。

航空快递主要以运送商务文件、资料、小件样品和小件货物为主，中间环节少，速度快于普通航空货运，使用比普通空运分运单应用更广泛的交付凭证（Proof of Delivery，POD）。办理航空快递业务的大都是国际性的跨国公司。

航空快递业务的主要形式有以下几种：

（1）门到门。发件人在发件时打电话给航空快递公司，快递公司接到客户发件通知后，立即派人到发件人所在地取件，然后将所有收到的快件集中在一起，根据其目的地分拣、整理、制单、报关，然后发往世界各地。快件发出后，马上通知目的地的快递公司按时办理清关、提货手续，并将快件及时递送到收件人手中。目前这是航空快递中最常用的一种服务形式。

（2）机场到机场。发件人在飞机始发机场将货物交给航空公司，快件到达目的机场后，由快递公司及时将货物信息通知收件人，收件人需要自己办理清关、提货等手续。

（3）专人运送。专人运送是指快递公司派专人携带快件随机而行，直到货物安全送达收货人手中。

四、世界主要航线

世界主要航线见表5-1。

表5-1　世界主要航线

主要航线	航线介绍
西欧—北美的北大西洋航空线	该航线主要连接巴黎、伦敦、法兰克福、纽约、芝加哥、蒙特利尔等航空枢纽
西欧—中东—远东航空线	该航线连接西欧各主要机场至远东，如香港、北京、东京等机场，并途经雅典、开罗、德黑兰、卡拉奇、新德里、曼谷、新加坡等重要航空站
远东—北美的北太平洋航线	这是北京、香港、东京等机场经北太平洋上空至北美西海岸的温哥华、西雅图、旧金山、洛杉矶等机场的航空线，并可延伸至北美东海岸的机场。太平洋中部的火奴鲁鲁是该航线的主要中途加油站
此外，还有北美—南美、西欧—南美、西欧—非洲、西欧—东南亚—澳新、远东—澳新，北美—澳新等重要国际航空线	

✂ 任务实践活动

步骤一：熟悉航空货物运输的概念、优缺点及适用范围。

各小组轮流互考，并记录完成表5-2。

表5-2　航空货物运输的概念、优缺点及适用范围

	概念	优点	缺点	适用范围
航空货物运输				

步骤二：熟悉航空货运营运方式。

各小组思考讨论，分析各航空运输营运方式的特征及适用范围，并完成表5-3。

表5-3　各航空运输营运方式的特征及适用范围

航空运输营运方式	特征	适用范围

任务评价

姓名			学号		专业		
活动名称			航空运输认知				
考核内容		考核标准	参考分值	学生自评	小组互评	教师评价	考核得分
素养评价	1	具有良好的沟通能力	5				
	2	具有良好的团队合作精神	5				
	3	具有良好的职业行为规范	10				
知识评价	4	了解航空货物运输的概念	10				
	5	清楚航空货物运输的优缺点	20				
	6	了解航空运输的营运方式	20				
技能评价	7	列举世界主要航线	10				
	8	正确选择航空运输的营运方式	20				
总分			100				

内化与提升

了解《"十四五"航空物流发展专项规划》

"十四五"时期，是我国民航发展格局拓展期，也是航空物流发展重要窗口期。为贯彻落实党中央、国务院关于提高我国航空货运能力，增强我国物流行业国际竞争力的指示批示精神，加快推动现代航空物流转型升级，推进多领域民航强国建设，按照民航规划工作领导小组总体安排，民航局编制了《"十四五"航空物流发展专项规划》（简称《规划》）。

《规划》在内容方面重点体现了航空物流四大认识转变的牵引：

一是从"重客轻货"到"客货并重"的转变。改变以往重点支持客运的政策导向，实施"客货并重"发展策略。由于客机腹舱载货具有成本低、通达广的特点，"航空物流发展不能简单追求全货机数量上的增加"，需要统筹好"客货关系"。当前乃至今后一段时期，客机腹舱仍然是最现实的选择之一。

二是从"场到场"到"门到门"的转变。我国航空物流表面上弱在空中，实际上弱在链条。传统航空货运服务链条较短，主要提供"机场到机场"的运输服务，难以满足"门到门"的运输需求，缺乏"最先一公里"的揽货能力与"最后一公里"的地面配送能力。

三是从单一业态到全局生态的转变。发展着力点从单一的运输链条拓展到与多种生产链条融合，推进物流降本增效从单一物流环节向物流组织模式创新转型。着力推动航空物流企业与快递、跨境电商、生产制造企业深度合作。

四是从行业管理到融合治理的转变。坚持系统观念，发挥市场机制和各部门的政策合力，推动航空物流生产方式由行业化向社会化转变，打造精准治理、多方协作的社会治理新模式。

下一步，随着《规划》的印发实施，民航局将会同有关部门着力抓好规划的贯彻落实，加快推动传统航空货运向现代航空物流的转型升级，着力打造自主可控、安全可靠的航空物流产业链、供应链，提升对国家经济安全的保障作用，更好地满足我国经济社会发展和人民美好生活对现代化航空物流的需要。

任务背景

好盟公司的张蓝等人已经熟悉了航空货运的组织方法。2023年9月21日，李琦将从天津丝美贸易有限公司发来的一份运单交给他们，该批货物的运输任务需要他们负责受理、协调完成。运输信息如下：

品名：纺织品；数量：10箱；价值：10000美元；从天津发往纽约。

根据以上情况，张蓝等人需要完成如下任务：

（1）判断该批货物运输任务应该适用进口流程还是出口流程。
（2）合理组织该业务。

学习目标

知识目标

1. 熟悉整车运输与零担运输的概念。
2. 掌握航空进出口货运业务流程。

能力目标

能够绘制航空进出口货运业务流程图，并独立完成相关作业。

素养目标

1. 培养良好的沟通能力和团队合作精神。
2. 培养安全意识和良好的专业行为规范。
3. 能利用网络快速准确搜集并总结有用信息。

知识储备

一、航空出口货物运输业务流程

航空出口货物运输业务流程包括航空货运公司从发货人手中接货到将货物交给航空公司承运这一过程所需通过的环节、所需办理的手续以及必备的单证,它的起点是从发货人手中接货,终点是将货物交给航空公司(见图5-1)。

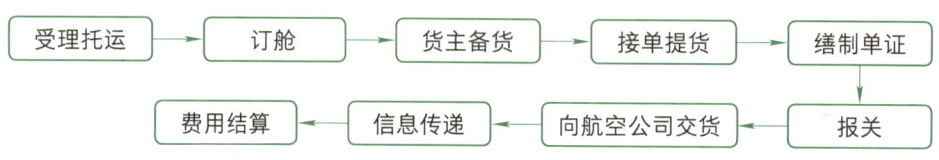

图5-1 航空出口货物运输业务流程

航空出口货物运输业务流程各部分的基本内涵见表5-4。

表5-4 航空出口货物运输业务流程各部分的基本内涵

空运业务流程	承担业务内容			备注
	托运人(发货人)	航空货运公司(货运代理人)	航空公司(承运人)	
受理托运	①货物出口地寻找航空货运公司,为其代理订舱、报关、托运业务;②填制航空货物托运书	①根据业务范围、服务评价项目等接受托运人委托;②要求托运人填制航空货物托运书		托运人应对托运书上所填内容及所提供与运输有关运输文件的正确性和完备性负责
订舱		根据托运人的要求及货物本身的特点,填写民航部门要求的订舱单,注明货物的名称、体积、质量、件数、目的港和时间等信息	航空公司根据实际情况安排航班和舱位	一般来说,非紧急的一般货物可以不预先订舱
货主备货	按照要求备货	及时通知发货人备单、备货	根据航空货运公司填写的订舱单安排航班和舱位	发货人如要求代理人代理报关,发货人需提供相关报关单证
接单提货	准备货物;准备相关单证(主要报关单证,如报关单、合同副本、商检证明等)	去发货人处提货,同时要求发货人提供相关单证		提货注意:①检查货物品质、运送目的地、体积、海关手续;②检查托运书上相关各栏的填写;③称重和量尺寸;④计算运费
缮制单证		①审核托运人提供的单证,绘制报关单,报海关初审;②缮制航空货物运单,并将收货人提供的货物随行单据装订在运单后面		如果是集中托运的货物,则要填写集中托运清单和航空分运单,一并装入一个信袋,并装订在运单后面
报关		持缮制完成的航空货物运单、报关单、装箱单、发票等相关单证到海关报关放行		海关在报关单、运单正本、出口收汇核销单上盖放行章,并在出口产品退税的单据上盖验讫章

（续）

空运业务流程	承担业务内容			备注
	托运人（发货人）	航空货运公司（货运代理人）	航空公司（承运人）	
向航空公司交货		将盖有海关放行章的航空货物运单与货物一起交给航空公司	安排航空运输，验收单、货无误后，在交接单上签字	交接时附航空货物运单正本、发票、装箱单、产地证明、品质鉴定书等
信息传递		确认货物出运后，及时将信息反馈给货主或代理收货		反馈信息内容包括航班号、运单号、品名、收货人等资料
费用结算	支付运费	①向发货人收取航空运费、地面运费及各种手续费、服务费；②向承运人支付航空运费，并向其收取佣金	支付佣金	航空货运公司可按协议与国外代理结算到付运费及利润分成

二、航空进口货物运输业务流程

航空进口货物运输业务流程是航空货物从入境到提取或转运和整个过程中所需通过的环节、所需办理的手续以及必备的单证。航空货物入境后，要经过各个环节才能提出海关监管场所，而经过每一道环节都要办理一定的手续，同时出具相关的单证。在入境海关清关的进口货物，其流程如图5-2所示。

图5-2　航空进口货物运输业务流程

航空进口货物运输业务流程各部分的基本内涵见表5-5。

表5-5　航空进口货物运输业务流程各部分的基本内涵

空运业务流程	主要内容
到货	航空货物入境后，即处于海关监管之下，相应地，货物存在海关监管仓库内；同时，航空公司根据运单上的发货人发出到货通知。若运单上的第一收货人是航空货运公司，则航空公司会把有关货物运输单据交给航空货运公司
分类整理	航空货运公司在取得航空运单后，根据自己的习惯进行分类整理，其中，集中托运货物和单票货物、运费预付和运费到付货物应区分开来。集中托运货物需对总运单项下的货物进行分拨，按每一分运单的货物分别处理。分类整理后，航空货运公司可对每票货物编上公司内部的编号，以便于客户查询和内部统计
到货通知	航空货运公司根据收货人资料寄发到货通知，告知其货物已到港，催促其速办报关、提货手续
缮制单证	根据运单、发票及证明货物合法进口有关批文缮制报关单，并在报关单的右下角加盖报关单位的报关专用章
报关	将制作好的报关单连同正本的货物装箱单、发票、运单等递交海关，向海关提出办理进口货物报关手续。海关经过初审、审单、征税等环节后，放行货物。只有经过海关放行后的货物，才能提出海关监管场所
提货	凭借盖有海关放行章的正本运单到海关监管场所提取货物，并送货给收货人。收货人也可自行提货
费用结算	货主或委托人在收货时应结清各种费用，如国际段到付运费、报关费、仓储费、劳务费等

任务实践活动

步骤一：明确任务，分配角色。

角色划分见表5-6，根据实际情况进行调整。

表5-6 角色划分

参考角色	参考人数
业务员	1
托运人	1
取货员	1
仓管员	1
装卸员	1～2
调度员	1

步骤二：画出航空出口货运业务流程。

由于是从天津到纽约，所以属于出口业务，请补充流程图（见图5-3）。

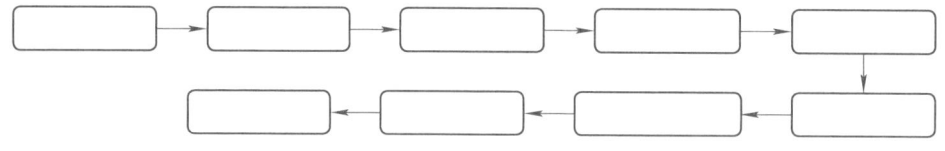

图5-3 航空出口货运业务流程

步骤三：按流程完成货物运输。

1. 受理托运

天津丝美贸易有限公司（简称丝美贸易）找到好盟公司，要求为其代理空运订舱、报关、托运业务。好盟公司根据自己的业务范围，承接了该业务，并要求丝美贸易填制航空托运书。

2. 订舱

好盟公司根据丝美贸易要托运的是纺织品，填写了民航部门要求的订舱单，并注明货物的详细信息，安排好航班和舱位。

3. 货主备货

好盟公司通知丝美贸易按航班时间备好货物。

4. 接单提货

好盟公司检查收运的丝美贸易货物的内容、目的地等内容是否符合要求。

5. 缮制单证

缮制出口货物报关单（见图5-4），报海关初审。

中华人民共和国海关出口货物报关单

预录入编号：　　　　　　　　　　海关编号：

出口口岸	备案号	出口日期	申报日期

经营单位	运输方式	运输工具名称	提运单号

发货单位	贸易方式	征免性质	结汇方式

许可证号	运抵国（地区）	指运港	境内货源地

批准文号	成交方式	运费	保费	杂费

合同协议号	件数	包装种类	毛重/kg	净重/kg

集装箱号	随附单据			生产厂家

标记唛码及备注

项号	商品编号	商品名称规格型号	数量单位	最终目的国（地区）	单价	总价	币制	征免

税费征收情况

录入员		海关审单批注及放行日期（签章）	
录入单位	兹声明以上申报无讹并承担法律责任		
报关员		审单	审价
单位地址	申报单位（签章）	征税	统计
邮编	电话	填制日期	查验放行

图5-4　出口报关单

6. 报关

好盟公司拿着缮制完成的单证到海关报关，海关盖放行章。

7. 货交航空公司

将盖好章的单证和货物交回好盟公司订好的航班，安排空运。

8. 信息传递

货物发出后，好盟公司通知国外收货公司相关航班号、运单号、品名、数量、质量等资料。

9. 费用结算

好盟公司根据此次运输货物的所有花费，计算此次运费，并与丝美贸易结算。

任务评价

姓名		学号		专业	
活动名称		航空运输业务运作			
考核内容		考核标准	参考分值	学生自评	小组互评	教师评价	考核得分

考核内容		考核标准	参考分值	学生自评	小组互评	教师评价	考核得分
素养评价	1	具有良好的沟通能力和团队合作精神	10				
	2	能利用网络快速准确搜集并总结有用信息	10				
知识评价	3	掌握航空出口货物运输业务流程	20				
	4	掌握航空进口货物运输业务流程	20				
技能评价	5	正确选择航空货物运输业务流程	10				
	6	能根据航空货运业务流程展开具体的工作	20				
	7	能够准确、流畅地完成任务	10				
		总分	100				

内化与提升

天津商贸公司的李洋有一批计算机配件，要从天津运给曼谷的张涛。张涛急需该批货物，需要采用航空运输。

货物资料如下：

物品：计算机配件　　　　　箱数：20箱　　　　　价格：2000元/箱

尺寸：50cm×40cm×30cm　　　毛重：10kg/箱

请各小组进行角色扮演，模拟航空货运公司受理该批货物的运输工作。

任务三 航空货物运单填制

任务背景

2023年9月23日，天津好盟物流公司张蓝接到客户天津商贸公司将一批计算机从天津运至广州的航空运输任务。该批货物及相关详细信息见表5-7。

表5-7 货物及相关详细信息

客户	天津商贸公司，天津市河东区光华路1号，赵华，13456765×××
收货人	广州电脑城代理，广州市天河区天河路34号，黄琪，16576545×××
货品信息	计算机，毛重300kg，数量10箱，尺寸50cm×60cm×30cm，计费重量300kg，货物价值20万元
费用	运价种类Q300，对应运费率12元/kg，保险费率1‰
装货地点	天津市河东区光华路1号
卸货地点	广州市天河区天河路34号
附加费	地面运费1元/kg，燃油附加费1元/kg
备注	所有费用要求预付

因好盟公司无航空运输业务，但可以作为代理人为客户办理相关业务，业务员张蓝查询相关信息后，选择天津航空公司（2023年9月24日的航班直达广州白云国际机场）来承担本次运输业务，且当天为其办理了托运。

学习目标

知识目标

1. 了解航空货物运单的主要作用及种类。
2. 掌握航空货物运单的填写。

能力目标

1. 能正确填写航空货物运单。
2. 能区别航空货物运单各联的用途。

素养目标

1. 培养良好的沟通能力和团队合作精神。

2. 培养安全意识和良好的职业行为规范。
3. 培养能利用网络快速准确搜集并总结有用信息。

知识储备

一、航空货物运单的概念

航空货物运单是指承运人与托运人之间签订的运输合同。航空货物运单不是物权凭证，不能通过背书转让。收货人提货不是凭借航空货物运单，而是航空公司的提货通知单。

二、航空货物运单的主要作用

（1）航空货物运单是发货人与航空承运人之间的运输合同。
（2）航空货物运单是承运人签发的已接收货物的证明。
（3）航空货物运单是承运人据以核收运费的账单。
（4）航空货物运单是报关单证之一。
（5）航空货物运单同时可作为保险证书。
（6）运单是承运人内部业务的依据。

航空货物运单的正本一式三份，每份都印有背面条款。其中一份交发货人，是承运人或其代理人接收货物的依据；一份由承运人留存，作为记账凭证；一份随货同行，在货物到达目的地交付给收货人时，作为核收货物的依据。

三、航空货物运单的种类

1. 航空主运单

凡由航空运输公司签发的航空货物运单称为主运单。它是航空运输公司据以办理货物运输和交付的依据，是航空公司与托运人订立的运输合同。每一批航空运输的货物都有其相对应的航空主运单。

2. 航空分运单

集中托运人在办理集中托运业务时签发的航空货物运单称作航空分运单。

在集中托运的情况下，除了航空运输公司签发主运单外，集中托运人还要签发航空分运单。在这中间，航空分运单作为集中托运人与托运人之间的货物运输合同，合同双方分别为货主和集中托运人；航空主运单作为航空运输公司与集中托运人之间的货物运输合同，当事人则为集中托运人和航空运输公司。货主与航空运输公司没有直接的契约关系。

不仅如此，由于在起运地货物由集中托运人将货物交付航空运输公司，在目的地由集中托运人或其代理从航空运输公司处提取货物，再转交给收货人，因而货主与航空运输公司也没有直接的货物交接关系。

四、航空货物运单的格式

航空货物运单的格式见表5-8。

表5-8 航空货物运单

始发站		目的站		不得转让 航空货物运单 印发人：（在此处印制航空承运人标志、名称和地址） 本航空货物运单第1、2、3联为正本，具有同等效力			
托运人名称、地址、邮编和电话/传真号码							
收货人名称、地址、邮编、电话号码				结算注意事项			
				填开运单的代理人名称			
托运人要求的运输路线及预定航班/日期	第一承运人航班/日期	至	承运人航班/日期	至	承运人航班/日期	至	声明价值	保险金额
储运注意事项及其他							

件数	毛重/kg	运价种类	商品代号	计费重量	费率	航空运费	货物品名（包装/尺寸或体积）
总计：	总计：					总计：	
预付	费用	到付	其他费用				
	航空运费		本人郑重声明：此航空货物运单上所填货物品名和货物运输声明价值与实际交运货物品名和货物实际价值完全一致，并对所填航空货物运单和所提供的与运输有关文件的真实性和准确性负责 托运人或代理人签字、盖章					
	声明价值附加费						
	总付代理人其他费用合计						
	总付承运人其他费用合计						
	总额						
仅供目的地使用	目的地产生的费用合计	目的地应收费用合计	制单日期		制单地点		填开运单航空承运人或其代理人签名

收货人或其代理人签字：
收货人或其代理人有效证件号：

五、航空货物运单的填写

航空货物运单由托运人填写，连同货物交给承运人。如果承运人及货运代理人根据托运书的授权填写航空货物运单，托运人应对自己（包括航空货运代理人作为集运货物托运人）或以其名义在航空货物运单上填入的关于货物的各项内容和陈述的正确性负责。因托运人或以其名义提供的各项内容和陈述不符合规定、不正确或不完全，给航空承运人或航空承运人对其负责的任何其他人造成的一切损失，托运人应对航空承运人承担赔偿责任。

1. "始发站""目的站"栏的填写

这两栏填写始发地机场和目的地机场的名称；若无机场名称的，填入该城市的名称全称；当城市拥有一个以上机场时，应在城市名称后标明具体机场的名称。

2. "托运人、收货人名称、地址、邮编、电话号码"等栏的填写

这两栏填写托运人、收货人的全称和详细地址、邮编，以及一种或多种联系方式（电话或传真号码等）。若托运人、收货人是一个单位，应填入该单位的名称和详细地址；若是个人，应填入此人的姓名和详细地址；若是集运人（集运货物的航空货运代理人），应填入集运人的全称，地址可只填写该集运人所在的城市或机场名称。

3. "结算注意事项"栏的填写

本栏只填写参与运输的航空承运人所必需的财务信息、费用支付方式，以及航空承运人之间的签转记录或证据。

4. "航程"相关信息的填写

"第一承运人航班/日期"栏应填写第一航空承运人的名称（IATA两字代码）及预订的航班与日期；"至"栏应填写目的地机场或第一中转站机场或城市，当城市拥有一个以上机场时，宜标明机场的IATA三字代码。

5. "储运注意事项及其他"栏的填写

本栏简要填写参与运输的航空承运人的一些相关信息，以及在运输、中转、装卸和仓储时需要特别注意的事项或要求。

6. "声明价值"栏的填写

本栏填写托运人向航空承运人所申报的货物运输声明价值。如果未办理货物声明价值，应填写"无"。

7. "保险金额"栏的填写

航空承运人应积极代理保险公司向托运人提供此项保险业务，通过专业保险公司减少承托双方的纠纷及风险。当航空承运人提供此项服务时，本栏可以填写保险金额；当航空承运人未提供此项服务或托运人无保险请求时，本栏应填写"无"。

8．"货物品名"栏的填写

本栏填写货物的具体品名，不应填写笼统、泛指或商业广告性质的名称或代号。

9．"件数""重量"等栏的填写

"件数"栏填写货物件数；"毛重"栏填写货物的实际重量，使用不同运价计费的货物，应分列重量；"计费重量"栏应依照运价计算规则填写计费重量；"运价种类"栏填写货物运价种类代码，如M、N、Q、C、R、S。

10．"费用"相关栏的填写

"重量运费"栏填写按计费重量算得的航空运费；"声明价值附加费"栏应依据声明的价值及适用费率规则计算得出的附加费；"代理人其他费用合计"栏除非获得航空承运人认可，本栏不使用；"承运人其他费用合计"栏填写承运人收取的其他费用。

任务实践活动

步骤一：掌握航空货物运单的格式。
步骤二：掌握航空货物运单各栏的填写要求。
步骤三：填制航空货物运单。
根据货运情况（详见任务背景），填制航空货物运单（见表5-8）。

任务评价

姓名		学号		专业		
活动名称		航空货物运单填制				
考核内容		考核标准	参考分值	学生自评	小组互评	教师评价	考核得分
素养评价	1	具有良好的沟通能力和团队合作精神	10				
	2	能利用网络快速准确搜集并总结有用信息	10				
知识评价	3	了解航空货物运单的概念	10				
	4	熟知航空货物运单的格式	10				
	5	掌握航空货物运单的填写规范	20				
	6	了解航空货物运单的主要作用	10				
技能评价	7	区别航空货物运单各联的用途	10				
	8	航空货物运单的各栏填写正确	20				
		总分	100				

内化与提升

2023年9月23日,天津好盟物流公司张蓝接到了客户天津丝美贸易公司将一批纺织品从天津运至深圳的航空运输任务。该批货物及相关详细信息见表5-9。

表5-9 货物及相关详细信息

客户	天津丝美贸易公司,天津市西青区光明路1号,李华,13456765×××
收货人	深圳纺织品代理,深圳市盐田区盐田路23号,王刚,16576545×××
货品信息	纺织品,毛重400kg,数量10箱,尺寸60cm×60cm×40cm,计费重量400kg,货物价值50万元
费用	运价种类Q 300,对应的运费率15元/kg,保险费率1‰
装货地点	天津市西青区光明路1号
卸货地点	深圳市盐田区盐田路23号
附加费	地面运费1元/kg,燃油附加费1元/kg
备注	所有费用要求预付

因好盟公司无航空运输业务,但可以作为代理人为客户办理相关业务,业务员张蓝查询相关信息后,选择南方航空公司(2023年9月24日的航班直达深圳宝安机场)来承担本次运输业务,且当天为其办理了托运业务。

任务四 航空货物运费核算

任务背景

2023年9月21日,天津好盟物流运输有限公司主管李琦,看到张蓝等人对航空运输这么感兴趣,决定将公司要出口的一批货物运输信息提供给他们,让他们进行费用的核算工作,具体的货物运输信息如下所示:

运输路线:从中国佳木斯到荷兰阿姆斯特丹;商品:零件;毛重:38.6kg;体积:100cm×60cm×32cm。

运价信息见表5-10。

表5-10 运价信息

佳木斯	CN	JMU	
Y.RENMINBI	CNY	KGS	
阿姆斯特丹	NL	M	320.00
		N	50.00
		45	41.00
		300	37.00

根据以上信息，完成以下任务。

（1）为此次托运选择适用运价。

（2）计算运费。

学习目标

知识目标

1. 掌握航空运价的计费重量。
2. 掌握航空运价的种类和术语。

能力目标

1. 能够选用合适的航空运价。
2. 能够根据航空货物运输费用的计算步骤，计算航空运费。

素养目标

1. 培养良好的沟通能力和团队合作精神。
2. 培养安全意识和良好的职业行为规范。
3. 能利用网络快速准确搜集并总结有用信息。

知识储备

一、计费重量

计费重量是指用以计算货物航空运费的重量。货物的计费重量有以下几种：

1. 实际毛重

包括货物包装在内的货物重量称为货物的实际毛重。因为飞机最大起飞重量和可用来装货的舱位的限制，一般情况下，对于高密度货物，应考虑货物的实际毛重可能会成为计费重量。

2. 体积重量

根据国际航协规则，将货物的体积按一定的比例折合成的重量，就是体积重量。鉴于货舱体积的限制，对于低密度的货物，即轻泡货物，其体积重量会成为其计费重量。不管货物的体积是长方形还是正方形，计算其货物体积时，都是用最长、最宽、最高的厘米长度来计算，其中小数部分按四舍五入取整。

体积重量的折算公式是

$$体积重量（kg）=长（cm）×宽（cm）×高（cm）÷6000cm^3/kg$$

由计算公式可以看出，体积重量的换算标准是按每6000cm³折合成1kg计算。

3．计费重量

一般来说，计费重量是取货物的实际毛重和体积重量中较大的那一个。但是，当货物按较大重量分界点的较低运价计算的航空运费较低时，那么该较大重量分界点的货物起始重量作为计费重量。

国际航协规定，国际货物的计费重量以0.5kg作为最小单位，重量尾数不足0.5kg的，按0.5kg计算；0.5kg以上不足1kg的，按1kg计算。

二、航空运价

航空运价又称航空费率，是指承运人对所运输的每一重量单位（千克或磅）货物所收取的自始发地机场至目的地机场的航空费用。货物的航空运价一般以运输始发地的本国货币公布。

1．航空运价的种类

（1）普通货物运价。普通货物运价是适用最为广泛的一种运价。航空公司公布的普通货物运价针对所承运货物重量的不同规定几个计费重量分界点，运价的金额随运输货量的增加而降低。这也是航空运价的显著特点之一。

1）基础运价（N级）。民航总局统一规定各行段货物基础运价，基础运价为45kg以下的普通货物运价，金额以元为单位。

2）重量分界点运价（Q级）。国内航空货物运输分为45kg以上、100kg以上和300kg以上三级重量分界点及运价。

（2）等级运价（CCR级）。等级运价是指规定地区范围内，在普通货物运价的基础上附减或附加一定百分比作为某些特定货物的运价。

1）附减等级货物运价。它主要适用于书报、杂志及无人押运行李等价值不高的货物。其运价种类代号为"R"。

2）附加等级货物价值。它主要适用于一些较贵重的或对运输条件要求较高的物品，如贵重物品、灵柩、骨灰及活体动物等。其运价种类代号为"S"。

（3）指定商品运价（SCR级）。指定商品运价（代号C）是航空公司或者物流公司为特定类型的货物而设定的一种运输价格。这些货物可能是高价值、需求量大、过期时间短、易碎易损等特殊货品，如鲜花、珠宝、医药、生鲜水果等。

（4）最低运费（M级）。航空公司办理一批货物所能接受的最低运费，是航空公司在考虑办理即使很小的一批货物也会产生的固定费用后制定的。

2．国内航空货物运费的计算规则

（1）货物运费计算以"元"为单位，元以下四舍五入。

（2）按重量计得的运费与最低运费相比较取其高者适用。

（3）按实际重量计得的运费与按较高重量分界点运价计得的运费相比较取其低者适用。

（4）分段相加组成运价时，不考虑实际运输路线，不同运价组成点组成的运价相比较取其低者适用。

三、航空货物运费的计算步骤

航空货物运费的计算步骤：确定计费重量→确定航空运价→计算运费→核定总运费。

1．确定计费重量

计算体积重量，将体积重量与实际重量相比较，取其高者作为暂时的计费重量，计算出运费。计算公式为

$$运费=运价×计费重量$$

2．确定航空运价

若有重量分界点运价，且货物的计费重量均小于较大重量分界点，则采用较大重量分界点的较低运价计算出一个运费。

3．计算运费

将上述1、2步计算出的运费进行比较，取较小者作为最终航空运费，其对应的重量为最终计费重量。

4．核定总运费

总运费是指一次航空货物运输所支付的总费用，除航空运费外，通常还包括机场收取的地面运输费、空路转运费、中转费等各项费用。核定总运费时，应将上述费用全部加总。

任务实践活动

步骤一：确定计费重量。

$$体积重量=（100cm×60cm×32cm）÷6000cm^3/kg=32kg$$

$$毛重=38.6kg$$

因为毛重38.6kg＞32kg，同时根据国际航协规定，0.5kg以上不足1kg的，按1kg计算，所以计费重量=39.0kg。

步骤二：确定航空运价。

查询运价表，发现该商品使用基础运价（N）=50元/kg，计收运费。

运费（1）=39×50=1950元

步骤三：采用较大分界点的较低运价计算。

$$应计费重量=45.0kg$$

$$适用费率=41元/kg$$

$$运费（2）=45kg×41元/kg=1845元$$

运费（1）>运费（2），取运费较低者，故该批货物运费为1845元。

任务评价

姓名			学号		专业		
活动名称			航空货物运费核算				
考核内容		考核标准	参考分值	学生自评	小组互评	教师评价	考核得分
素养评价	1	具有良好的沟通能力和团队合作精神	10				
	2	能利用网络快速准确搜集并总结有用信息	10				
知识评价	3	理解航空运价的种类	10				
	4	掌握航空运价的计费重量	20				
	5	掌握重量分界点运价	10				
技能评价	6	能够选用合适的航空运价	20				
	7	能够根据航空货物运输费用的计算步骤，计算航空运费	20				
总分			100				

内化与提升

1. 温州运往哈尔滨一批服装，毛重42.4kg，包装尺寸为80cm×60cm×60cm，请计算该批货物的航空运费（见表5-11）。

2. 一批书籍由温州运往大连，毛重950kg，工装25包，每包尺寸为60cm×50cm×50cm，请计算该批货物的航空运费（见表5-11）。

表5-11 温州机场普通货物运价表

始发地	目的地	普通货物运价（元）						
		M	N	Q45	Q100	Q300	Q500	Q1000
温州	大连	90	9.4	6.6	3.4	3.2	2.8	2.6
	哈尔滨	90	11.8	9.9	9.5	9.3	9.1	8.7

巩固提高

一、单项选择题

1. 航空公司规定计费重量按（　　）统计。
   A. 实际重量
   B. 实际重量和体积重量两者之中取大者
   C. 体积重量
   D. 实际重量和体积重量两者之中取小者

2. 下列关于航空运输特征的说法，错误的是（　　）。
   A. 速度快	B. 受气候等因素影响大
   C. 运费高	D. 运载量大

3. 航空公司对某些特定货物提供的折扣运价或额外运价称为（　　）。
   A. 普通货物运价	B. 指定物品运价
   C. 等级运价	D. 基础运价

4. 以下不是航空运输优点的是（　　）。
   A. 安全	B. 速度快	C. 舒适	D. 价格便宜

5. （　　）又称一般货物运价，是应用最为广泛的一种运价。
   A. 普通货物运价	B. 指定物品运价
   C. 等级运价	D. 基础运价

6. 生物制品、活体动物、骨灰、鲜活易腐物品和贵重物品等特种货物实行（　　）。
   A. 普通货物运价	B. 指定物品运价
   C. 等级运价	D. 基础运价

7. 航空货物体积重量的折算标准为每（　　）cm^3折合1kg。
   A. 3000	B. 4000	C. 5000	D. 6000

8. 航空运费代号"C"表示（　　）。
   A. 最低运费	B. 普通货物运价
   C. 等级货物运价	D. 指定物品运价

9. 航空托运一份重5.7kg的货物，计费重量为（　　）。
   A. 5.7kg	B. 5kg	C. 6kg	D. 以上皆错

10. 下列关于国内空运货物运价类别代码不正确的是（　　）。
    A. 普通货物运价（代号N）	B. 等级货物运价（代号D）
    C. 指定商品运价（代号C）	D. 最低运费（代号M）

二、多项选择题

1. 航空运输业务的种类包括（　　　　）。
   A. 班机运输　　B. 包机运输　　C. 集中托运　　D. 航空快递
2. 航空运输主要适合运载的货物有（　　　　）。
   A. 价值高的货物　　　　　　　B. 价值低的货物
   C. 紧急需要的物资　　　　　　D. 体积小的物资
3. 航空代理人与（　　　）等之间要进行费用结算。
   A. 托运人　　B. 代理人　　C. 承运人　　D. 发货人
4. 航空货物运单是（　　　）之间的运输合同。
   A. 发货人　　B. 代理人　　C. 托运人　　D. 承运人
5. 属于等级运价代号的是（　　　　）。
   A. N　　　　B. Q　　　　C. R　　　　D. S

三、判断题

1. 国际航空货物运输要根据当事人的航空货物运输合同执行。（　　）
2. 航空快递是最快捷的货物运输途径，安全准确，可简化包装，节省费用。
（　　）
3. 托运人应对托运单填写内容的真实性和正确性负责。（　　）
4. 航空运费以元为单位，元以下不计。（　　）
5. 航空货物运单是可以转让的。（　　）
6. 航空货物运单有主运单和分运单之分。（　　）
7. 国际货物的计费重量以0.5kg作为最小单位，重量尾数不足0.5kg的，按0.5kg计算；0.5kg以上不足1kg的，按1kg计算。（　　）
8. 集中托运人在办理集中托运业务时签发的航空货物运单称作航空主运单。
（　　）
9. 收货人提货凭借航空货物运单。（　　）
10. 等级运价的货物，如贵重物品、危险品、活动物以及文物等不能办理集中托运。（　　）

四、简答题

1. 请简述航空运输的优缺点及适用范围。
2. 请简述航空进出口业务流程。
3. 航空货物运单的作用是什么？
4. 如何确定航空运输的计费重量？

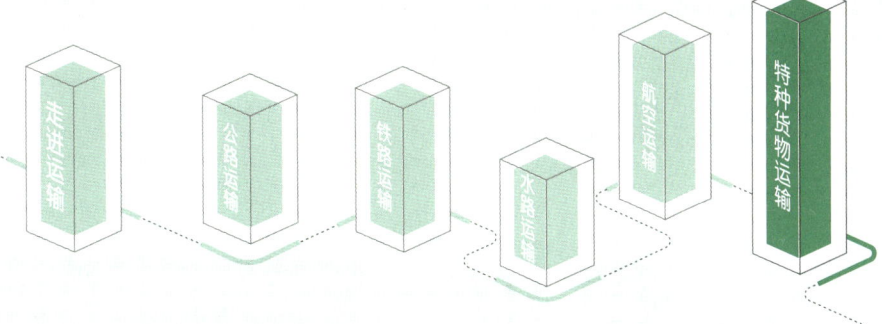

模块六
特种货物运输

知识导图

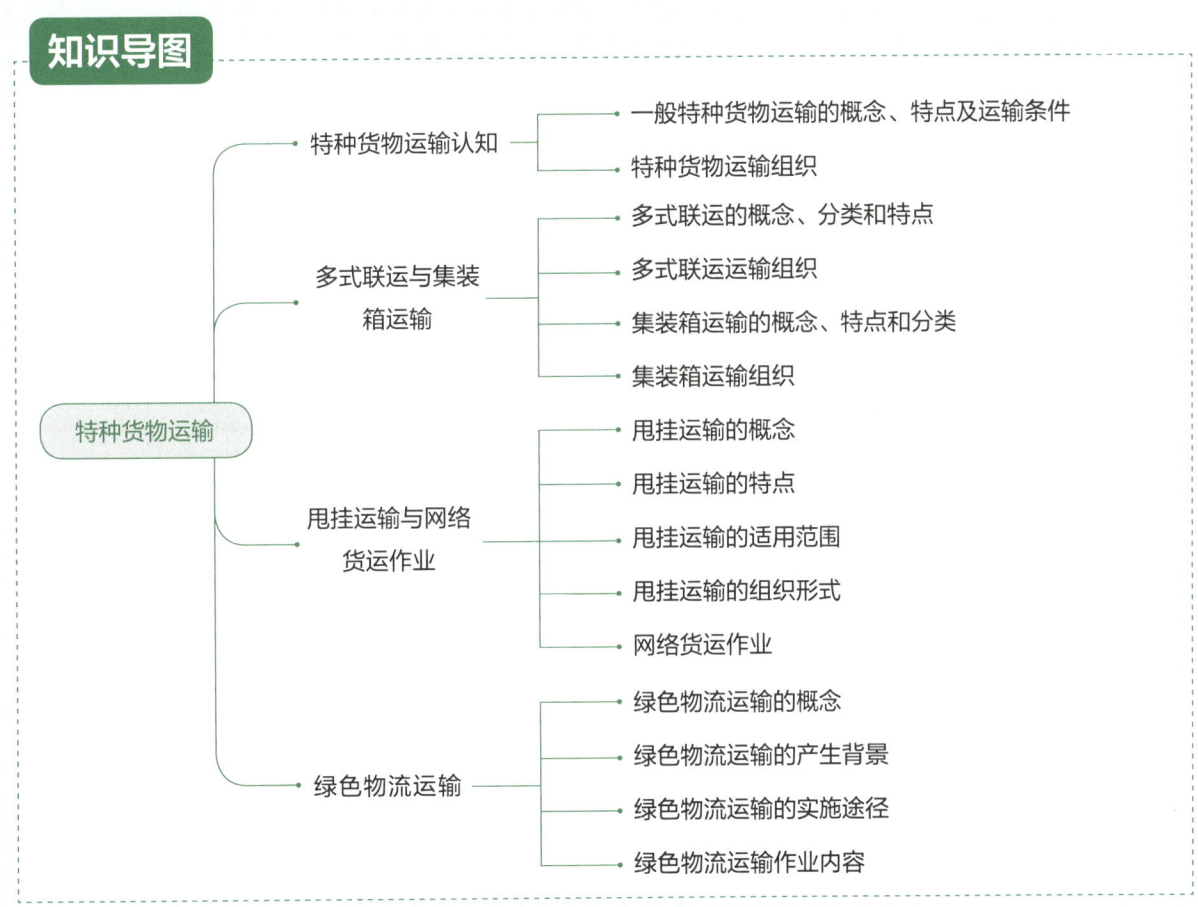

模块简介

《"十四五"现代综合交通运输体系发展规划》指出："到 2025 年，综合交通运输基本实现一体化融合发展，智能化、绿色化取得实质性突破，综合能力、服务品质、运行效率和整体效益显著提升，交通运输发展向世界一流水平迈进。"本模块分别以特种货物运输认知、多式联运与集装箱运输、甩挂运输与网络货运作业、绿色物流运输 4 个任务为出发点，对运输中特殊作业和发展前景做出阐释。

任务一　特种货物运输认知

任务背景

2023年11月23日，好盟公司收到来自天津新锐生鲜活物批发市场发来的运输请求。具体内容如图6-1所示。

运输通知单

To：天津好盟物流运输有限公司

我司有一批货物需从天津发往上海，具体信息如下表所示：

序号	商品名称	数量	单位	重量/kg	体积/m³	到货日期
1	香梨	200	箱	5000	42	2023-11-27

收货单位：	上海尚佳酒店
收货地址：	上海市浦东新区浦东南路6号　邮编200000
联系人：	田潇
电话：	021-3451××××，1581154××××，传真021-1232××××

急需发运！收到请回复！

From：天津新锐生鲜活物批发市场　沈亮
022-5695××××　　　1378733××××
天津市河西区台儿庄路中段
邮编300000
传真022-1555××××

图6-1　运输通知单

对于这批鲜活易腐货物的运输，李琦想看看张蓝等人会如何进行组织，所以将这项任务交给他们。张蓝等人是如何组织该次运输的呢？

学习目标

知识目标

1. 掌握特种货物运输的概念。
2. 掌握特种货物运输的特点。
3. 掌握特种货物的运输条件。

能力目标

1. 能够掌握不同特种货物的运输组织。
2. 能够独立完成特种货物的运输组织。

素养目标

1. 培养自主探究的学习能力和勤于思考的乐学精神。
2. 培养安全意识和良好的职业行为规范。
3. 培养沟通协作能力和团队合作精神。

知识储备

一、一般特种货物运输的概念、特点及运输条件

一般特种货物运输的概念、特点及运输条件，见表6-1。

表6-1　一般特种货物运输的概念、特点及运输条件

特种货物运输	概念	特点	运输条件
危险货物运输	具有爆炸、易燃、毒害、腐蚀、放射性等性质，在运输、装卸和储存保管过程中，容易造成人身伤亡和财产损失而需要特别防护的货物运输	（1）品类繁多 （2）危险性大 （3）运输管理的规章制度多 （4）专业性强	（1）业务专营，资质从严 （2）车辆专用，设备齐全 （3）人员专业，知识武装
大件货物运输	整件货物长度在6m以上、宽度超过2.5m、高度超过2.7m的长大货物和货物单件重量在4t以上（不含4t）的笨重货物的运输		（1）使用适宜的装卸机械 （2）使用相应的专用车辆，严格按有关规定装载 （3）重车的重心高度应控制在规定限制内
鲜活易腐货物运输	在运输过程中需要使用专门的运输工具，或采用特殊措施，以便保持一定温度、湿度或供应一定的饲料、上水、换水，以防止货物死亡和腐烂变质的运输	（1）品类多、运距长、组织工作复杂 （2）季节性强、运量波动大 （3）运输时间紧迫 （4）易受外界气温、湿度和卫生条件的影响	配备一定数量的冷藏车和保温车，尽量组织"门到门"的直达运输
贵重货物运输	价格昂贵、运输责任重大的货物的运输		

二、特种货物运输组织

特种货物运输是指运输过程中需要采取特殊措施或使用特殊设备的货物运输方式。这

类货物包括但不限于危险品、超大件货物、高风险品、高价值货物等。特种运输由于其特殊性与高风险性，对于物流企业和整个供应链管理具有重要影响。

1. 危险货物运输组织

（1）危险货物分类及标志。危险货物品种繁多、性质复杂，要求运输保管条件不一。为了便于制订相应的运输条件，采取相应的防护措施，一旦发生事故便于施救，按危险货物性质相近、运输条件相同的原则，依据GB 6944—2012《危险货物分类和品名编号》将危险货物分为以下九类。

第1类：爆炸品。

第2类：气体。

第3类：易燃液体。

第4类：易燃固体、易于自燃的物质、遇水放出易燃气体的物质。

第5类：氧化性物质和有机过氧化物。

第6类：毒性物质和感染性物质。

第7类：放射性物质。

第8类：腐蚀性物质。

第9类：杂项危险物质和物品，包括危害环境物质。

危险品分类及标志如图6-2所示。

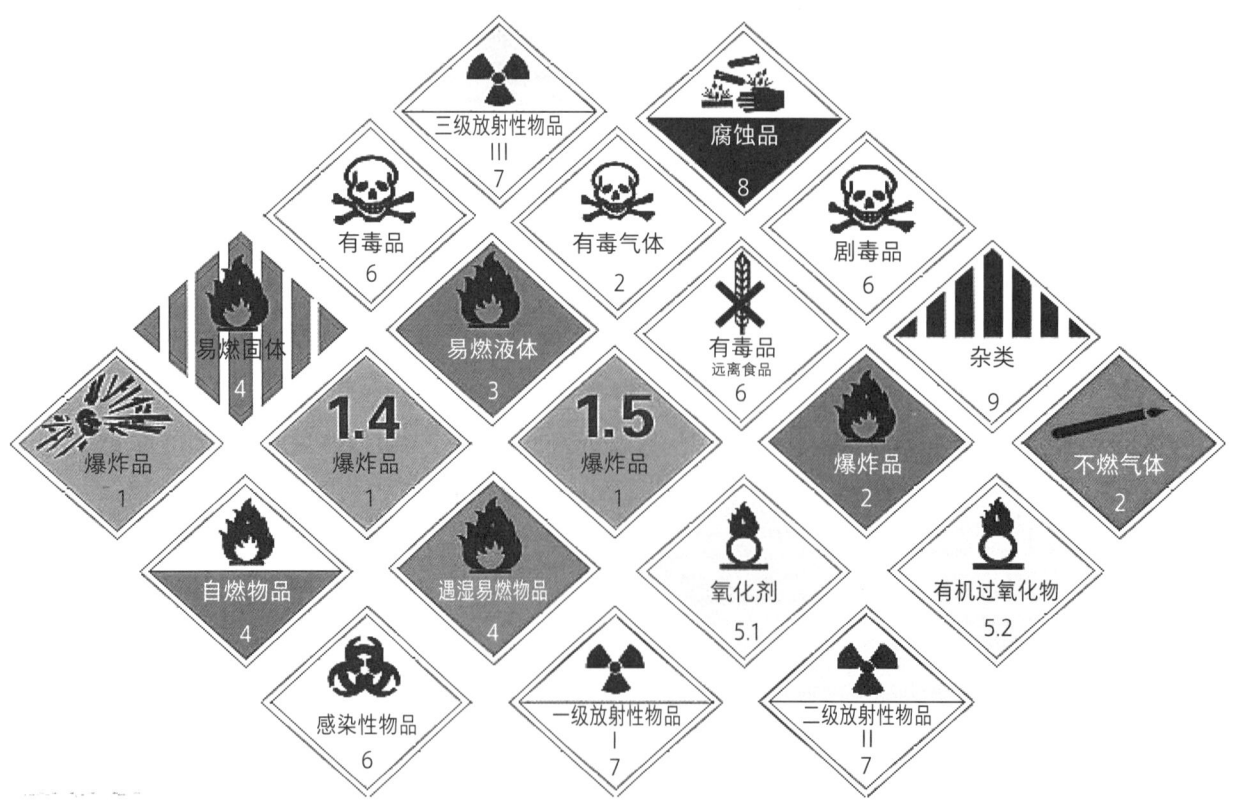

图6-2　危险品分类及标志

（2）危险货物的判定。《交通运输部关于修改〈道路危险货物运输管理规定〉的决定》（中华人民共和国交通运输部令2023年第13号）中规定所称危险货物，是指具有爆炸、易燃、毒害、感染、腐蚀等危险特性，在生产、经营、运输、储存、使用和处置中，容易造成人身伤亡、财产损毁或者环境污染而需要特别防护的物质和物品。危险货物以列入《危险货物道路运输规则》（JT/T 617）的为准，未列入《危险货物道路运输规则》（JT/T 617）的，以有关法律、行政法规的规定或者国务院有关部门公布的结果为准。

（3）危险货物运输企业资质审核。办理危险化学品通行证所需材料：企业代码、工商营业执照、道路运输营运许可证；车辆的行驶证、道路运输证、罐体检验报告；驾驶员的身份证、驾驶证、从业资格证；押运员的身份证、道路危险货物运输操作证；申请单位授权运输危险化学品通告的委托书，运输公司的法人及被委托人的身份证；申请单位危险品道路交通事故应急处置预案；申请单位车辆、驾驶员、押运员的交通安全管理规定。

从事公路危险货物运输企业用户，除必须具备道路普通货物运输规定的基本条件外，还应具备下列条件：

1）危险货物的车辆、容器、装卸机械及工机具，必须符合交通部JT 3130《汽车危险货物运输规则》规定的条件，经道路运输管理机构审验合格。

2）具有能保证安全运输危险货物的相应设施、设备。

3）停车场库要保证车辆出入顺畅，并具有有关部门批准允许停放危险货物运输车辆的证明。有危险货物专用车辆的，应设置相应数量的封闭型车库。

4）直接从事道路危险货物运输的驾驶员、押运员、装卸员及有关业务管理员必须掌握危险货物运输的有关知识，持有经当地地（市）级以上道路运输管理机构或危险货物运输管理机构考核颁发的"道路危险货物运输操作证"。

5）危险货物运输车辆驾驶员须有2年以上安全驾驶经历或安全行驶里程达到5万km以上。

6）从事营业性道路危险货物运输的单位，除必须具备上述规定的条件外，还须具有5辆以上装运危险货物的车辆、3年以上从事运输经营的管理经验，配有相应的专业技术管理人员（其中至少有1名具有初级技术职称的化工专业人员），并已建立健全安全操作规程、岗位责任制及车辆设备保养、维修和安全质量教育规章制度。

（4）危险货物运输组织流程。危险货物运输组织流程如图6-3所示。

图6-3　危险货物运输组织流程

> **? 想一想**
>
> 下列哪些货品属于危险品?

2. 大件货物运输组织

(1) 大件货物分级标准。大件货物分级见表6-2。

表6-2 大件货物分级

大件货物级别	重量/t	长度/m	宽度/m	高度/m
一级	20～100	14～20	3.5～4.5	3.0～3.8
二级	100～200	20～30	4.5～5.5	3.8～4.4
三级	200～300	30～40	5.5～6.0	4.4～5.0
四级	300以上	40以上	6.0以上	5.0以上

(2) 大件货物运输注意事项。

1) 托运长、大、笨重货物时,除按一般货物办理托运手续外,发货人还应向运输单位提交货物说明书,必要时应附货物外形尺寸的三面视图(以"+"表示重心位置),以及计划装载、加固等具体意见与要求。在特殊情况下,还须向有关部门办理准运证。

2) 受理货物时,应按发货人提出的有关资料对货物进行审核,掌握货物的特性及长度、宽度、高度、实际重量、外形特征、重心位置等,合理选择车型,计算允许装载货物的最大重量,不准超载。指派专人观察现场道路和交通情况,附近有无电缆、电话线、煤气管道或其他地下建筑物,车辆是否能进入现场,现场是否适合装卸工作,以及调车等情况,并研究装载和运送办法。

3) 了解运行路线上桥涵、渡口、隧道、道路的负荷能力及道路的净空高度。如需修筑便道或改拆建筑物时,应事先请托运方负责解决。

4) 货物的装卸应尽可能使用适宜的装卸机械。装车时应使货物的全部支承面均匀、平稳地放置在车辆底板上,以免损坏底板或大梁。

5）对于集重货物，为使其重量能均匀地分布在车辆底板上，必须将货物安置在纵横垫木上或相当于起垫木作用的设备上。

6）货物重心应尽量置于车底板纵、横中心交叉的垂线上，如无可能时，则可对其横向位移严格限制，纵向位移在任何情况下不得超过轴荷分配的技术数据。

7）装运长大、笨重货物时，除应考虑它们合理装载的技术条件外，还应视货物重量、形状、大小、重心高度、车辆和线路、运送速度等具体情况，采用不同的加固措施，以保证运输质量。大件货物的加固如图6-4所示，应在货物的重心高度相等处捆扎为"八"字形，拉线纵横角度尽量接近45°，拉线必须牢固铰紧，避免货物在进行中发生位移而使重心偏移。

图6-4　大件货物加固

8）重车重心高度应控制在1.8m以下，如重心偏高，除应认真加固外，还应采取配重措施，以降低其高度，必要时车辆应限速行驶，如图6-5所示。

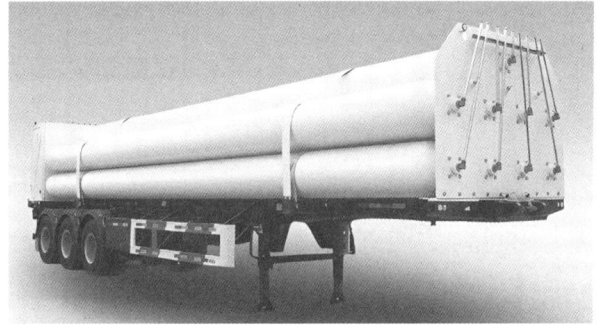

图6-5　大件货物配重

9）按指定的路线和时间行驶，并在货物最长、最宽、最高部位悬挂明显的安全标志，日间挂红旗，夜间挂红灯，以引起往来车辆的注意，如图6-6所示。

图6-6　大件货物运输的安全标志

（3）长大、笨重货物运输的组织。长大、笨重货物运输的组织具有极强的特殊性，其工作环节主要包括办理托运、理货、验道、制定运输方案、签订运输合同、线路运输工作组织以及运输结算等，如图6-7所示。

办理托运 → 理货 → 验道 → 制定运输方案 → 签订运输合同 → 线路运输工作组织 → 运输结算

图6-7 大件货物运输组织流程

3. 鲜活易腐货物运输组织

鲜活易腐货物是指在运输过程中需要采取一定措施，以防腐坏变质或死亡的货物。汽车运输的鲜活易腐货物主要有鲜鱼虾、鲜肉、瓜果、蔬菜、牲畜、观赏动物、花木秧苗、蜜蜂等，如图6-8所示。

图6-8 鲜活易腐货物

（1）鲜活易腐货物的运输温度。冷藏货大致可分为冷冻货和低温货两种。冷冻货是指在冻结状态下进行运输的货物，运输温度的范围一般在-20～-10℃。低温货是指在表面有一层薄薄的冻结层的状态下进行运输的货物，一般允许的运输温度范围在-16～-1℃。货物要求低温运输的目的主要是维持货物的呼吸，以保持货物的鲜度。

为了防止冷藏货在运输过程中变质，需要保持一定的温度（见表6-3和表6-4），该温度一般称作运输温度。温度的高低应根据具体的货种而定，即使是同一货物，由于运输时间、冻结状态和货物成熟度的不同，对运输温度的要求也不一样。

表6-3 冷冻货的运输温度

货名	运输温度/℃	货名	运输温度/℃
鱼	-17.8～-15.0	虾	-17.8～-15.0
肉	-15.0～-13.3	黄油	-12.2～-11.1
蛋	-15.0～-13.3	浓缩果汁	-20

表6-4 低温货的运输温度

货名	运输温度/℃	货名	运输温度/℃
肉	−5~−1	葡萄	6.0~8.0
腊肠	−5~−1	菠萝	11.0以内
黄油	−0.6~0.6	橘子	2.0~10.0
带壳鸡蛋	−1.7~15	柚子	8.0~15.0
苹果	−1.1~16	红葱	−1.0~15.0
白兰瓜	1.1~2.2	土豆	3.3~15.0
梨	0.0~5.0		

（2）鲜活易腐货物的运输要求。

1）运输过程中保持一定的温度、湿度。运输过程中温度、湿度对鲜活货物的质量有很大影响。如运送易腐货物的车辆内不能保持一定的温度、湿度要求，货物质量就不能保证。

2）需配备相应的运输车辆、运载器具和运输设施。为了安全地运输鲜活货物，除要求铁路配备适宜货物性质的装运鲜活货物的各种类型的专门货车外，还要求在有关站段配备为易腐货物运输服务的制冰设备和加冰、加盐设备；为活动物服务的上水、供料设备等。

3）要有良好的卫生条件和通风条件。运输鲜活货物的全过程必须具有良好的卫生环境，以避免或减少鲜活货物的腐坏、变质、掉膘或生病、死亡。

4）组织快速运输。鲜活货物是有生命或营养价值的货物，随着运输时间的增长，货物的质量降低程度也随之增加，货物的腐烂变质或掉膘、病残死亡可能性也随之增大，因此鲜活货物应组织快速运输。

（3）鲜活易腐货物的运输组织。

1）托运。发货人托运鲜活易腐货物前，应根据货物的不同特性，做好相应的包装。托运时须向承运方提出货物最长的运到期限，某一种货物运输的具体温度及特殊要求，提交卫生检疫等有关证明，并在托运单上注明。

2）承运。承运鲜活易腐货物时，货运员要对鲜活易腐货物的质量、包装和热状态进行检查。在承运时应注意鲜活易腐货物的运到期限和容许运输期限。容许运输期限是根据货物的品种、成熟度、热状态，在规定的运输条件下，能保持货物质量的期限。容许运输期限应由托运人提出，车站负责审查。

承运畜禽产品和鲜活植物时，应取得查验其兽医卫生机关的检疫证后才能承运。对货物质量、包装、温度等方面的检查结果应填写"冷藏车作业单"，每车填写一份，与货物运单一起随车递至到站保存备查，以便积累运输经验，同时可作为分析处理货运事故的依据。

3）运送。鲜活易腐货物运送途中应由托运方指派押运人员沿途照料，承运方对押运人员应交代安全注意事项，并提供工作和生活上的便利条件。炎热天气运送时，应尽量利用早晚行驶。

（4）鲜活易腐货物运输注意事项。鲜活易腐货物运输注意事项，见表6-5。

表6-5 鲜活易腐货物运输注意事项

环节	注意事项
配载运送	应对货物的质量、包装和温度要求进行认真的检查，包装要合乎要求，温度要符合规定
装车前	应根据货物的种类、运送季节、运送距离和运送地点确定相应的运输服务，及时组织适宜车辆予以装运
装车后	必须认真检查车辆及设备的状态，应注意清洗和消毒
装车时	应根据不同货物的特点，确定其装载方法

（5）专业运输工具。常见运输专用车辆、专用设备，如图6-9和图6-10所示。

图6-9 动物运输车辆

图6-10 冷藏车

4．贵重货物运输组织

贵重货物（见图6-11）价格昂贵、运输责任大，因此装车时应进行清查。清查的内容包括：包装是否完整，货物的品名、重量、件数和货单是否相符；装卸、搬运时怕震的贵重货物要轻拿轻放，不要挤压。贵重物品运输对驾驶员素质也有较高的要求，且要由托运方委派专门押运人员跟车。交付贵重货物要做到交接手续齐全、责任明确。

图6-11 贵重货物

任务实践活动

请以小组为单位，3~5人一组，按照步骤要求，帮助张蓝完成任务。

步骤一：受理托运任务。

（1）分析任务背景信息，填写表6-6。

表6-6 货物信息分析

任务背景中要运输的货物属于哪种特种货物	货物特点	货物运输条件

（2）接洽托运人，详细记录货物的相关信息，确保托运单收、发货人的名称以及到、发地点清楚、准确。

步骤二：填制运输托运单。

填制运输托运单时，除了填制基本的运输信息（包括收、发货人名称，详细到、发地址，运输香梨的重量、体积、件数及包装、运输价格）之外，还需要注明香梨的运输温度为0.0~5.0℃，湿度应保持在90%~95%为宜，运输过程中应防止日晒、雨淋、挤压和碰撞。

请利用网络，帮助张蓝查找"填制鲜冷易腐货物运输托运单的注意事项"，归纳总结后派代表分享。

步骤三：确定运输车辆，并组织装车进行运输。

通过对任务背景的分析，完成表6-7。

表6-7 装车运输注意事项

货品名称	选用车辆	装车注意事项	运输过程注意事项

任务评价

姓名		学号		专业			
活动名称		特种货物运输认知					
考核内容		考核标准	参考分值	学生自评	小组互评	教师评价	考核得分
素养评价	1	具有自主探究的学习能力和勤于思考的乐学精神	5				
	2	具有安全意识和良好的职业行为规范	10				
	3	具有良好的沟通能力和团队合作精神	10				
知识评价	4	掌握特种货物运输的概念	10				
	5	掌握特种货物运输的特点	10				
	6	掌握特种货物的运输条件	10				
技能评价	7	能够掌握不同特种货物的运输组织	10				
	8	能够独立完成特种货物的运输组织	15				
	9	能够准确、流畅地完成任务	20				
		总分	100				

内化与提升

> **小资料**
>
> **超限货物运输组织**
>
> 某物流公司接到一项大型变压器的运输任务,为保障货物运输安全,采取以下措施:
>
> (1) 交通管制。设备在运输过程中必须进行交通管制,分段封闭道路,全程进行监控。
>
> (2) 运行时间。设备运输必须在白天进行。
>
> (3) 运行速度。正常运输速度必须控制在5km/h以下;道路不平整的路段速度必须控制在2km/h以下;通过障碍的速度控制在3km/h以下。
>
> (4) 车辆启动前的检查。车辆启动前必须对平板车和加固情况做详细的检查,杜绝隐患,并做好记录。有问题必须在启动前排除。
>
> (5) 运行过程中的检查。
>
> 1) 横坡检查。通过横坡大于3%的道路,必须进行平板车的横坡校正,确保设备处于相对水平的状态。
>
> 2) 纵坡检查。通过较大的纵坡时,对平板车进行纵坡校正,确保设备处于相对水平状态。
>
> (6) 车辆停放。运输过程中,夜间停放或中途停车必须选择道路坚实平整、路面宽阔、视线良好的地段停放,设置警戒线、警示标志,并派人守护;停放时间较长时,需要在平板车主梁下部支垫道木,降低平板车高度,主梁落在道木上,检查平板车压力表,将压力降低。将平板车停放妥当后,检查设备捆绑情况和车辆轮胎等,及时排除隐患;沿途路段实行封闭或半封闭通行;停车时,做好安全隔离措施,提醒其他车辆注意绕行。
>
> 案例分析:
>
> 超限货物是一种特殊货物,在运输过程中要采取一些必要的措施,保证货物运输的安全。在本案例中,公司在运输超限货物时对运输的速度、运输过程的检查等做了相关的规定。
>
> 想一想:
>
> 1. 什么是超限货物?
>
> 2. 超限货物有哪些特点?

任务二　多式联运与集装箱运输

任务背景

2023年11月22日,好盟公司接到佳瑞玩具有限公司(简称佳瑞玩具)一批玩具汽车的承运业务。佳瑞玩具要将一批玩具出口伊朗,发货地为天津市,交货地为伊朗的德黑兰市,要求交接方式为"门到门"。李琦把此项业务交给张蓝所在的小组完成。张蓝等人应怎样完成此项运输业务呢?

学习目标

知识目标

1. 掌握多式联运的概念、分类和特点。
2. 掌握多式联运运输组织的业务程序和业务内容。
3. 掌握集装箱运输的概念、特点和分类。
4. 掌握集装箱运输的组织和货物交接方式。

能力目标

1. 能够根据多式联运的特点选择正确的货物运输方式。
2. 能够独立组织多式联运运输作业。
3. 能够根据集装箱运输的特点选择正确的运输方式。
4. 能够熟练开展集装箱运输的日常组织工作。

素养目标

1. 培养家国情怀,树立民族自豪感。
2. 培养自主探究的学习能力和沟通协作的团队精神。
3. 培养安全意识和良好的职业行为规范。

知识储备

一、多式联运的概念、分类和特点

1. 多式联运的概念

GB/T 18354—2021《物流术语》对多式联运的定义为"货物由一种运载单元装载,

通过两种或两种以上运输方式连续运输,并进行相关运输物流辅助作业的运输活动"(见图6-12)。这种把不同的运输方式综合起来的运输服务,也称作"一站式"运输。最早的多式联运是铁路与公路相结合的运输方式,通常称作驮背运输服务。现在,人们越来越强烈地意识到多式联运将成为提供高效运输服务的一种重要手段。

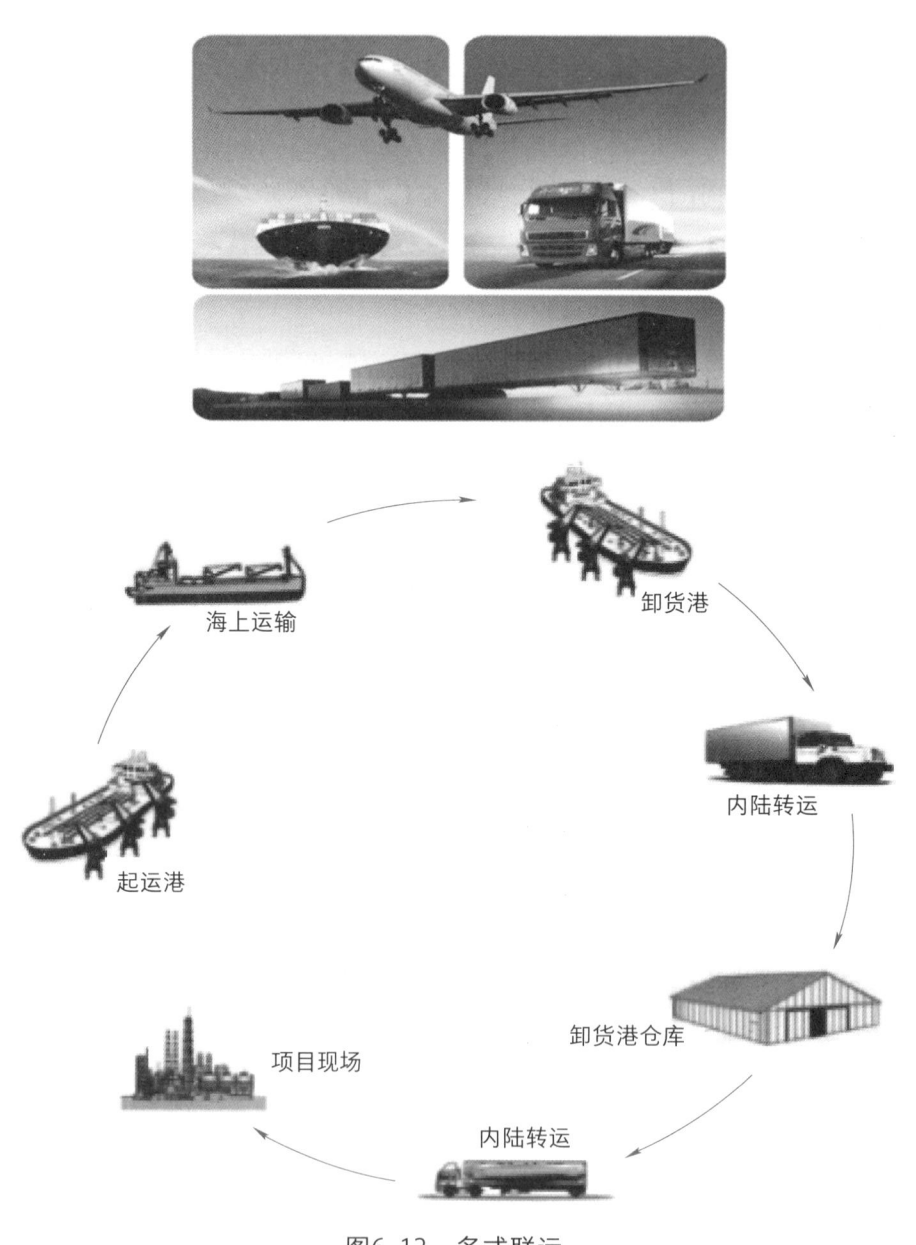

图6-12 多式联运

小资料

八部门联合部署加快推进多式联运"一单制""一箱制"

多式联运"一单制""一箱制"是构建现代综合交通运输体系的必然要求,也是加快建设交通强国的内在要求。中共中央、国务院印发的《交通强国建设纲要》明确了"推动交通发展由追求速度规模向更加注重质量效益转变",提出了达成"货物多式联运高效经济"的战略目标。

2023年8月,交通运输部会同商务部等七部门印发《关于加快推进多式联运"一单制""一箱制"发展的意见》(简称《意见》),进一步推进多式联运高质量发展,推动交通物流提质增效升级,更好服务支撑实现"物畅其流"。《意见》明确,力争在3~5年内实现"一单制""一箱制"法规制度体系进一步完善,多式联运信息加快开放共享、单证服务功能深化拓展、龙头骨干企业不断发展壮大;"一单制"和"一箱制"服务模式加快推广,全面提升综合运输服务质量和效率。《意见》部署了六大方面15项重点工作:①推进多式联运信息互联共享,加快多式联运数据开放,支持多式联运信息集成服务发展,推广应用标准化多式联运电子运单;②推进国际多式联运单证应用创新,加快国际多式联运提单推广应用,推动国际多式联运电子提单发展;③拓展多式联运"一单制"服务功能,探索赋予多式联运单证物权凭证功能,探索发展多式联运"一单制"金融保险服务,优化多式联运"一单制"通关监管;④健全多式联运"一箱制"服务体系,完善"中途不换箱"合作机制,优化"全程不开箱"流程管理,提升"一箱到底"服务能力;⑤大力培育多式联运经营人,鼓励骨干企业向多式联运经营人转型,引导多式联运相关企业加强协同协作;⑥完善多式联运标准规则,健全多式联运"一单制"标准,推进多式联运服务规则衔接。

想一想: 作为一名物流专业的学生,你将在建设交通强国的道路上发挥怎样的作用呢?

2. 多式联运的分类

根据不同的原则,多式联运可以有多种分类形式。但就其组织方式和体制来说,多式联运基本上可分为协作式多式联运和衔接式多式联运两大类。

(1)协作式多式联运。协作式多式联运是指两种或两种以上运输方式的运输企业,按照统一的规章或商定的协议,共同将货物从接管货物的地点运到指定交付货物地点的运输。

(2)衔接式多式联运。衔接式多式联运是指由一个多式联运企业(以下称多式联运经营人)综合组织两种或两种以上运输方式的运输企业,将货物从接管货物的地点运到指定交付货物地点的运输。在实践中,多式联运经营人既可能由不拥有任何运输工具的国际货运代理、场站经营人、仓储经营人担任,也可能由从事某一区段的实际承运人担任,但无论如何,他都必须持有国家有关主管部门核准的许可证书,能独立承担责任。

3．多式联运的特点

（1）根据多式联运的合同进行操作，运输全程至少使用两种运输方式，而且是不同方式的连续运输。

（2）多式联运的货物主要是集装箱货物，具有集装箱运输的特点。

（3）多式联运是一票到底、实行单一运费率的运输。发货人只要订立一份合同，一次付费，一次保险，通过一张单证即可完成全程运输。

（4）多式联运是不同方式的综合组织，全程运输均是由多式联运经营人组织完成的。无论涉及几种运输方式、分为几个运输区段，均由多式联运经营人对货运全程负责。

二、多式联运运输组织

1．多式联运的主要业务程序

多式联运经营人是全程运输的组织者。在多式联运中，其业务程序主要有以下几个环节，见表6-8。

表6-8　多式联运的主要业务程序

业务程序	多式联运经营人	发货人或代理人
接受托运申请，订立多式联运合同	根据货主提出的托运申请和自己的运输路线等情况，判断是否接受该托运申请。如果能够接受，则双方议定有关事项后，在交给发货人或其代理人的场站收据副本上签章，证明接受托运申请，多式联运合同已经订立并开始执行	根据双方就货物交接方式、时间、地点、付费方式等达成的协议，填写场站收据，并把其送至多式联运经营人处编号。多式联运经营人编号后留下货物托运联，将其他联交还给发货人或其代理人
集装箱的发放、提取及运送	多式联运中使用的集装箱一般应由多式联运经营人提供。如果双方协议由发货人自行装箱，则多式联运经营人应签发提箱单或者将租箱公司或区段承运人签发的提箱单交给发货人或其代理人，由他们在规定日期到指定的堆场提箱并自行将空箱托运到货物装箱地点准备装货	—
出口报关	—	出口报关事宜一般由发货人或其代理人办理，也可委托多式联运经营人代为办理。报关时应提供场站收据、装箱单、出口许可证等有关单据和文件
货物装箱及接收货物	对于由货主自装箱的整箱货物，发货人应负责将货物运至双方协议规定的地点，多式联运经营人或其代理人在指定地点接收货物。若是拼箱货，经营人在指定的货运站接收货物。验收货物后，代表联运经营人接收货物的人应在场站收据正本上签章并将其交给发货人或其代理人	若是发货人自行装箱，发货人或其代理人提取空箱后在自己的工厂和仓库组织装箱。装箱工作一般要在报关后进行，并请海关派工作人员到装箱地点监装和办理加封事宜。如需理货，还应请理货人员现场理货并与之共同制作装箱单。若发货人不具备装箱条件，可委托多式联运经营人或货运站装箱。发货人应将货物以原来形态运至指定的货运站由其代为装箱。若是拼箱货物，发货人应负责将货物运至指定的集装箱货运站，由货运站按多式联运经营人的指示装箱。无论装箱工作由谁负责，装箱人均需制作装箱单并办理海关监装与加封事宜

（续）

业务程序	多式联运经营人	发货人或代理人
订舱及安排货物运送	经营人在合同订立之后，即应制订货物的运输计划。该计划包括货物的运输路线和区段的划分，各区段实际承运人的选择、确定，以及各区段衔接地点的到达、起运时间等内容	—
办理保险	应投保货物责任险和集装箱保险，由经营人或其代理人向保险公司或以其他形式办理	应投保货物运输险。该保险由发货人自行办理，或由发货人承担费用由多式联运经营人代为办理。货物运输保险可以是全程投保，也可分段投保
签发多式联运提单，组织完成货物的全程运输	收取货物后，多式联运经营人应向发货人签发多式联运提单。在把提单交给发货人前，应注意按双方议定的付费方式及内容、数量向发货人收取全部应付费用。多式联运经营人有完成或组织完成全程运输的责任和义务	—
运输过程中的海关业务	按惯例国际多式联运的全程运输均应视为国际货物运输。因此，该环节工作主要包括货物及集装箱进口国的通关手续、进口国内陆段保税运输手续及结关等内容。如果陆上运输要通过其他国家海关和内陆运输线路，还应包括这些海关的通关及保税运输手续	涉及海关的手续一般由多式联运经营人的派出所机构或代理人办理，也可由各区段的实际承运人作为多式联运经营人的代表办理，由此产生的全部费用应由发货人或收货人负担
货物交付	当货物运至目的地后，由目的地代理人通知收货人提货	收货人需凭多式联运提单提货，经营人或其代理人需按合同规定，收取收货人应付的全部费用。收回提单后签提货单，提货人凭提货单到指定堆场和集装箱货运站提取货物。如果整箱提货，则收货人要负责至掏箱地点的运输，并在货物掏出后将集装箱运回指定的堆场，运输合同终止
货运事故处理	多式联运经营人根据提单条款及双方协议确定责任并做出赔偿。如果已对货物及责任投保，则存在要求保险公司赔偿和向保险公司进一步追索的问题。如果受损人和责任人之间不能取得一致，则需在诉讼时效内通过提起诉讼和仲裁来解决	如果全程运输中发生了货物灭失、损害和运输延误，无论能否确定发生的区段，发（收）货人均可向多式联运经营人提出索赔

2．多式联运运输组织的业务内容

多式联运运输组织的业务主要包括以下内容：

（1）货源组织。内容主要包括搜集和掌握货源信息，加强市场调查和预测，建立与货主的联系机制，组织货物按期发运、组织货物均衡发运和组织货物合理运输。

（2）制订运输计划。内容主要包括选择各票货物运输路线、运输方式、各区段的实际承运人及代理人，确定运输批量，编制订舱计划、集装箱调用计划、装箱与接货计划及各批货物的运输计划等。

（3）组织各项计划的实施。内容主要包括与各区段选择的实际承运人签订分运合同，将计划下达给有关人员或机构，监督其按计划进行工作，及时了解执行情况，并组织有关信息传递工作。

（4）计划执行情况监督及计划的调整。内容主要包括根据计划及执行反馈信息检查、督促各区段、各转接点的工作，如出现问题则对计划进行必要调整，并把有关信息及时传给有关人员和机构，以便执行新的指令。

（5）组织货物交付、事故处理及集装箱回运等工作。

三、集装箱运输的概念、特点和分类

1. 集装箱运输的概念

GB/T 18354—2021《物流术语》对集装箱的定义为"具有足够的强度，可长期反复使用的适于多种运输工具而且容积在1m³以上（含1m³）的集装单元器具"。集装箱运输是以集装箱这种大型容器为载体，将货物集合组成集装单元，以便在现代流通领域内运用大型装卸机械和大型载运车辆进行装卸、搬运作业和完成运输任务，从而更好地实现货物"门到门"运输的一种新型、高效率和高效益的运输方式（见图6-13）。

图6-13 集装箱运输

2. 集装箱运输的特点

集装箱运输的特点见表6-9。

表6-9 集装箱运输的特点

特点	详细阐释
运输效益高	（1）简化包装，大量节约包装费用 （2）减少货损货差，提高货运质量 （3）减少营运费用，降低运输成本
运输效率高	集装箱运输实现了全部机械化作业的高效率运输方式。将不同形状、尺寸的多件杂货装入具有标准规格的集装箱内进行运输，从根本上解决了现代化生产的标准化问题，为实现高效率的机械化作业创造了最为重要的条件
运输质量好	集装箱运输是保证运输货运质量、简化货物包装的运输方式。集装箱具有坚固密封的箱体，一般来说不易发生盗窃事故，且能防止恶劣天气对箱内货物的影响。在运输和装卸过程中，与外界接触的是箱体而非货物，因而货物破损事故大为减少，对货物的包装要求也不像传统散运那样严格

(续)

特点	详细阐释
便于多式联运	由于集装箱运输在不同运输方式之间换装时，无须搬运箱内货物而只需换装集装箱，这就提高了换装作业效率，适于不同运输方式之间的联合运输。在换装转运时，海关及有关监管单位只需加封或验封转关放行，从而提高了运输效率
协作要求高	集装箱运输涉及面广、环节多、影响大，是一个复杂的运输系统工程。集装箱运输系统包括海运、陆运、空运、港口、货运站，以及与集装箱运输有关的海关、商检、船舶代理公司、货运代理公司等单位和部门。如果互相配合不当，就会影响整个运输系统功能的发挥；如果某一环节失误，必将影响全局，甚至导致运输生产停顿和中断。因此，要做到整个运输系统各环节、各部门之间的高度协作

3．集装箱运输的分类

集装箱运输根据集装箱数量和方式，可以分为整箱和拼箱两种。

（1）整箱（Full Container Load，FCL）。整箱是指货主将货物装满整箱之后，以箱为单位托运的集装箱。一般做法是由承运人将空箱运到工厂或者仓库后，货主把货装入箱内、加封、铅封后交给承运人，并取得站场收据，最后由站场收据换取提单。

（2）拼箱（Less than Container Load，LCL）。拼箱是指承运人或者代理人接受货主托运的数量不足以装整箱的小票货物之后，根据货物性质和目的地进行分类、整理、集中、装箱、交货等。这些工作均在承运人码头集装箱货运站或者内陆集装箱转运站进行。

四、集装箱运输组织

1．集装箱货源组织工作

（1）集装箱货源。关于集装箱的适箱货源，如交电、仪器、小型机械、玻璃陶瓷、工艺品、印刷品及纸张、医药、烟酒食品、日用品、化工品、针纺织品和小五金等杂货，以及贵重、易碎、怕湿的货物均属于集装箱运输货物。

（2）日常货源组织工作。做好日常货源组织工作，对组织合理运输、充分利用现有设备能力有着十分重要的意义。日常货源组织对货物的品种、数量、流向、时间都有着一定的要求；对不同品种的货物要详细了解其尺寸、外形、重量和需要的集装箱类型及数量等；在流向上要给出货物到站、港，以便组织拼装货；在时间上按照运输作业的需要进行货源的组织工作。日常货源组织工作是一项十分重要又细致的工作，需要产、运、销共同配合完成。

2．集装箱运输组织工作

集装箱运输组织工作可以分为发送作业、中转作业和交付作业三部分。下面以铁路集装箱运输（见图6-14）组织工作为例进行说明（见表6-10）。

图6-14 铁路集装箱运输

表6-10 铁路集装箱运输组织工作

组织流程	具体内容
发送作业	在发站装运之前,各项货运作业包括集装箱承运前的组织工作和承运后至装运前的作业。具体包括货主要明确使用集装箱运输的条件及有关规定,如必须在指定的集装箱办理站,按站内规定承运日期办理等
中转作业	集装箱运输除了由发站至到站的形式外,还有一部分集装箱要经过中转才能至到站。中转站的任务是负责将到达中转站的集装箱迅速按去向、到站重新配装,继续发往到站
交付作业	装运集装箱的货车到货场后需要办理卸车和向货主办理交付手续等工作,具体包括卸车作业和交付作业。铁路货运员根据车站的卸车计划及时安排货位,核对运单、货票、装载清单与集装箱箱号、印封号是否一致,以及是否需要逐箱检查,卸车;卸车完毕后,填写到达记录。最后,由货运室通知发货人。门到门的集装箱由铁路货运员与收货人代理共同核对箱号,检查箱体封印,确认无误后,填发门到门运输作业单,并在作业单上签收

3. 集装箱运输的货物交接方式

集装箱运输中,整箱货和拼箱货在双方之间的交接方式见表6-11。

表6-11 集装箱运输的货物交接方式

交接方式	主要内容
门到门	由托运人负责装载的集装箱,在其货仓或工厂仓库交承运人验收后,由承运人负责全程运输,直到收货人的货仓或工厂仓库交箱为止
门到场	由发货人货仓或工厂仓库至目的地或卸箱港的集装箱装卸区堆场
门到站	由发货人货仓或工厂仓库至目的地或卸箱港的集装箱货运站
场到门	由起运地或装箱港的集装箱装卸区堆场至收货人的货仓或工厂仓库
场到场	由起运地或装箱港的集装箱装卸区堆场至目的地或卸箱港的集装箱装卸区堆场
场到站	由起运地或装箱港的集装箱装卸区堆场至目的地或卸箱港的集装箱货运站
站到门	由起运地或装箱港的集装箱货运站至收货人的货仓或工厂仓库
站到场	由起运地或装箱港的集装箱货运站至目的地或卸箱港的集装箱装卸区堆场
站到站	由起运地或装箱港的集装箱货运站至目的地或卸箱港的集装箱货运站

任务实践活动

请以小组为单位,3~5人一组,按照步骤要求,帮助张蓝完成任务。

步骤一:结合任务背景,根据以下流程信息,绘制任务流程图,并派代表进行展示说明。

1. 委托运输、联运准备

佳瑞玩具在货物运输计划下达后,向好盟公司办理托运手续,订立多式联运合同。好盟公司根据佳瑞玩具的托运书向铁路部门订车,并向船东订舱,办理提空箱手续。

2. 提取空箱、货装空箱

好盟公司向天津铁路集装箱中心办理调运计划，安排空箱运输，空箱抵达佳瑞玩具后及时安排装箱。

3. 报关报检、集装箱装车

好盟公司在集装箱装完货后，向天津海关办理报关报检手续，手续完成后装车。

4. 海关通关、装船

货柜抵达订船的港口地宁波后，好盟公司即在宁波海关办理相关手续并制作货运单据，海关放行后，按照合同计划，将货物交付船公司，待货物装船后，即通知佳瑞玩具开船信息，并安排提单的发放。

5. 进行信息流转

好盟公司不断跟踪货物运输信息，并将相关单据寄送给公司在伊朗合作的代理公司，待货物到达后安排与收货人的交接手续。

步骤二：集装箱运输情景模拟。

准备好小纸箱和便笺纸，小纸箱相当于集装箱，便笺纸用来填写相关货物信息。各小组进行角色模拟（见表6-12），完成集装箱运输组织工作。

表6-12 角色分配

参考角色	参考人数
货代公司业务员	1
集装箱堆场工作人员	1
托运人	1

情景提示：

1. 发送作业

托运人明确使用集装箱运输的条件及有关规定，在指定的集装箱办理站，按站内规定承运日期办理发送作业手续，办理站进行受理、审核、装箱等。

2. 中转作业

中转站的任务是负责将到达中转站的集装箱迅速按去向、到站重新配装继续发往到站。每个小组可以与其他小组合作完成货物中转作业。

3. 交付作业

交付作业具体包括卸车作业和交付作业。铁路货运员根据车站的卸车计划及时安排货位，核对运单、货票、装载清单与集装箱箱号、印封号是否一致，是否需要逐箱检查。卸车完毕后，填写到达记录，最后由货运室通知发货人提货。

任务评价

姓名		学号		专业			
活动名称			多式联运与集装箱运输				
考核内容		考核标准	参考分值	学生自评	小组互评	教师评价	考核得分
素养评价	1	具有良好的沟通能力和团队合作精神	5				
	2	具有自主探究的学习能力	5				
	3	具有安全意识和良好的职业行为规范	10				
知识评价	4	熟悉多式联运的概念、分类和特点	10				
	5	掌握多式联运运输组织的业务程序和业务内容	10				
	6	熟悉集装箱运输的概念、特点和分类	10				
	7	掌握集装箱运输的组织和货物交接方式	10				
技能评价	8	能够根据多式联运的特点选择正确的货物运输方式	10				
	9	能够熟练开展集装箱运输的日常组织工作	10				
	10	能够准确、流畅地完成任务	20				
		总分	100				

内化与提升

国际集装箱多式联运因其显著的特点，在国际物流中占据重要的地位。在"一带一路"倡议的推动和实施下，我国对铁路多式联运基础设施建设的投入和重视程度也在不断增加。那么，国家对多式联运的战略支持都体现在哪些方面呢？请通过书籍或者网络查询国家近五年出台的关于多式联运的相关文件或者通知，具体了解一下吧！

任务三　甩挂运输与网络货运作业

任务背景

2023年11月28日，天津好盟物流运输公司与天津宏博贸易公司（简称宏博贸易）签订了运输委托协议。宏博贸易主要从事机加工产品的代理和销售工作，主要销售网点城市有北京、保定、沧州、唐山，需要好盟公司为其提供货物运输服务。好盟公司经理李琦决定把此项业务交给张蓝所在的小组完成。张蓝所在的小组接到此项任务后，积极与宏博贸易沟通，了解到其仓库在天津平均每个销售网点的上货周期为4天，装卸货的时间均为5个小时。张蓝所在的小组通过对以上客户信息进行分析，准备使用甩挂运输的方式为宏博贸易提供运输服务。张蓝等人应怎样完成此次任务呢？

学习目标

知识目标

1. 熟悉甩挂运输的概念。
2. 掌握甩挂运输的特点和适用范围。
3. 掌握甩挂运输的四种组织形式。
4. 熟悉网络货运的概念和网络货运平台业务模式。
5. 掌握网络货运作业流程。

能力目标

1. 根据运输活动要求，选择甩挂运输组织形式。
2. 根据网络货运作业流程，模拟网络货运作业。

素养目标

1. 培养家国情怀，树立民族自豪感。
2. 培养自主探究的学习能力和沟通协作的团队精神。
3. 培养创新意识和良好的职业行为规范。

知识储备

一、甩挂运输的概念

GB/T 18354—2021《物流术语》对甩挂运输的定义为"用牵引车拖带挂车至物流节点，将挂车甩下后，牵引另一挂车继续作业的运输组织方式"。甩挂运输车辆通常有半挂车和全挂车，如图6-15所示。

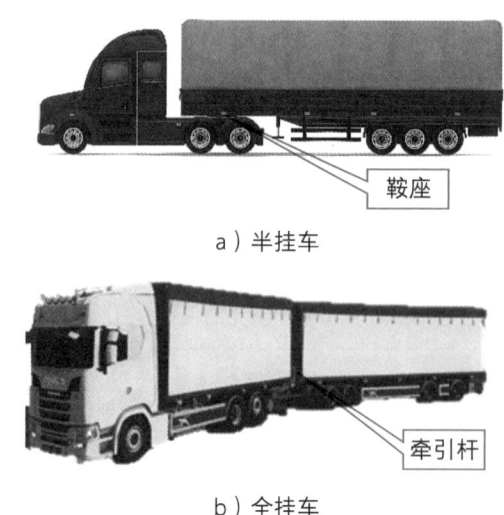

a）半挂车

b）全挂车

图6-15　甩挂运输车辆

二、甩挂运输的特点

（1）灵活性。甩挂运输具有很强的灵活性，由于挂车可以根据不同的货物大小和形状进行调整，因此可以满足不同货物的运输需求。这种灵活性使甩挂运输成为一种被广泛应用的运输方式。

（2）高效性。甩挂运输通过将多个货物连接在一起进行运输，可以减少运输次数、提高运输效率。这种高效性使甩挂运输在短途和中短途运输中被广泛应用。

（3）经济性。相比单独运输每个货物，甩挂运输可以减少运输成本、提高运输效益。这种经济性使甩挂运输成为许多企业首选的运输方式。

总的来说，甩挂运输是一种值得推广和应用的货物运输方式。在未来的发展中，随着技术的不断进步和运输需求的增加，甩挂运输将会得到更广泛的应用和发展。

三、甩挂运输的适用范围

甩挂运输是一种特殊的运输方式，通常用于运输大型或超长货物。该运输方法通过使用专门设计的挂车和吊装设备，将货物悬挂在挂车后部，从而实现货物的安全运输。甩挂运输的适用范围广泛，可以用于运输各种类型的货物，包括建筑材料、机械设备、船舶和风力发电设备等。

甩挂运输的适用范围主要取决于货物的尺寸、重量和形状。一般来说，甩挂运输适用于那些体积庞大、重量较大或形状特殊的货物，如钢结构、桥梁梁段、风力发电叶片等。这些货物通常无法通过普通的运输方式进行运输，因此需要使用甩挂运输来保证货物的安全和稳定运输。

甩挂运输的适用范围还受到路况和交通限制的影响。由于甩挂运输需要使用特殊的挂车和吊装设备,因此在选择运输路线时,需要考虑道路的宽度、坡度、转弯半径等因素。在一些地区,由于道路条件限制,可能无法进行甩挂运输,这就需要寻找替代的运输方式来满足货物运输的需求。

总的来说,在选择甩挂运输时,需要根据货物的特点和运输路线的条件进行合理的选择,以确保货物能够安全、快速地到达目的地。

四、甩挂运输的组织形式

根据汽车和挂车的配备数量、线路网的特点、装卸点的装卸能力等,甩挂运输有四种组织形式。

1. 一线两点

一线两点甩挂运输适用于往复式运输线路,牵引车往返于两个装卸作业点之间,在线路两端根据实际条件在一端甩挂,或在两端同时甩挂,如图6-16所示。该形式适用于装卸作业点固定、运量较大的线路,对车辆运行组织工作要求较高,必须根据汽车列车的运行时间、主挂车的装卸作业时间等信息,预先编制车辆运行图,从而保证均衡生产。

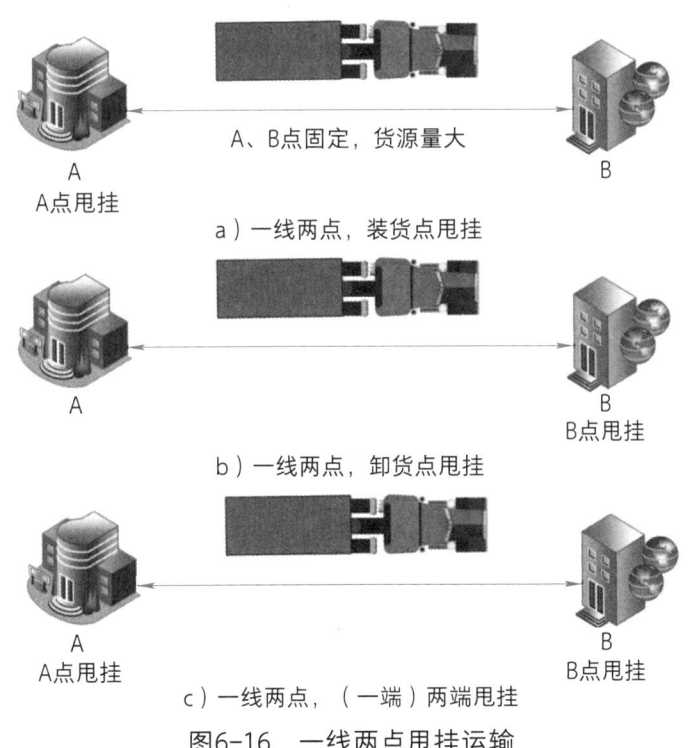

图6-16 一线两点甩挂运输

2. 循环甩挂

这种组织形式是牵引车辆在闭合循环的路线上沿环线行驶,从甩挂中心挂上挂车前往客户A,在客户A处卸下挂车,并挂上客户A需要运往客户点B的挂车继续运输;在客户B处甩下挂车后,挂上客户B需要运往客户C的挂车……以此类推,最终回到甩挂中心,如图6-17所示。

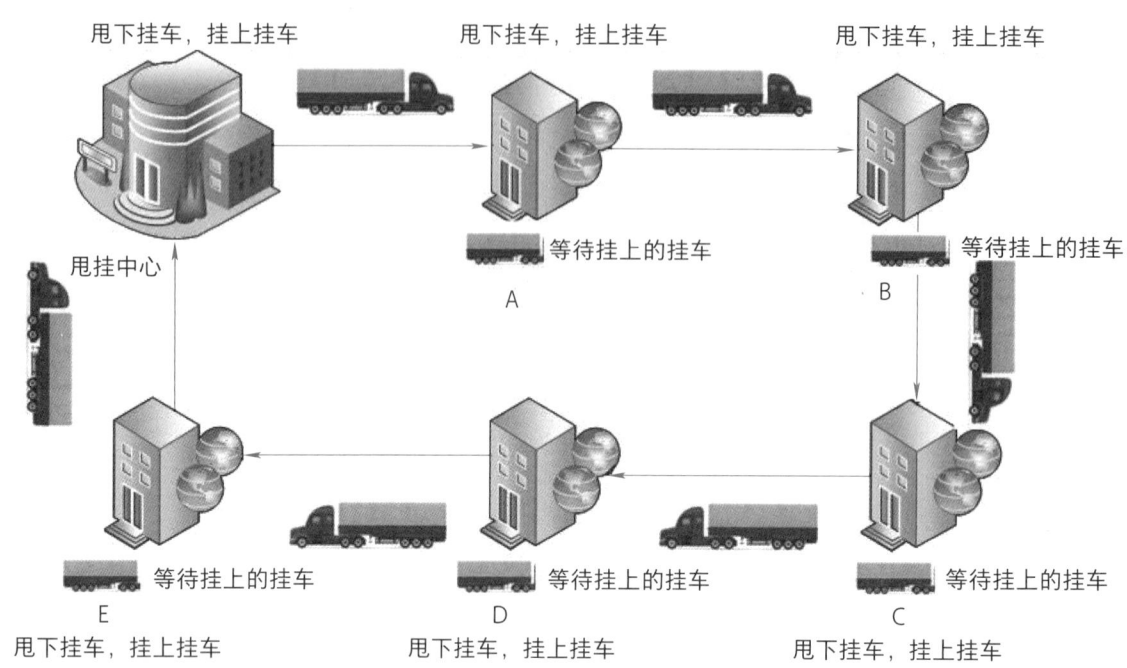

图6-17 循环甩挂

3. 一线多点，沿途甩挂

这种组织形式要求汽车列车在起点站按照卸货作业地点的先后顺序，本着"远装前挂、近装后挂"的原则拖挂汽车列车。采用这一组织形式时，汽车列车在沿途有货物装卸作业的站点，甩下汽车列车上的挂车或挂上预先备好的挂车继续运行，直至终点站；汽车列车在终点站整列卸载后，沿原路返回，经由先前甩挂作业点时，挂上预先准备好的挂车或甩下汽车列车上的挂车，继续运行直到返回起始点站，如图6-18所示。

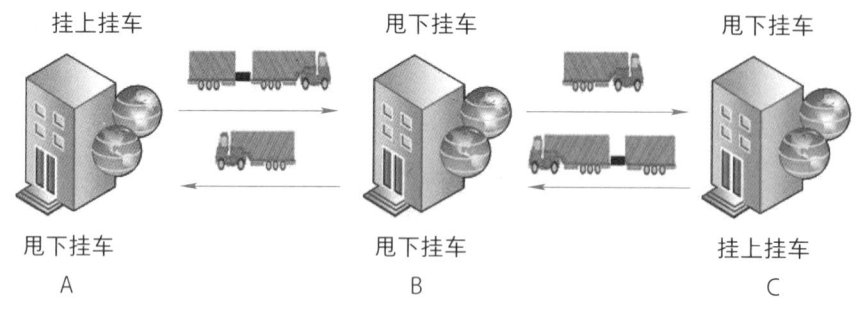

图6-18 一线多点，沿途甩挂

4. 多线一点，轮流拖挂

这种组织形式是在装（卸）点集中的地点配备一定数量的周转挂车，在没有车辆到达时，提前装（卸）好周转挂车的货物，当在某线行驶的车辆到达后，先甩下挂车，然后挂上提前装（卸）好的挂车返回原卸（装）点，进行整列卸（装），如图6-19所示。该形式的主要特点是多条线路集中于一点，在该点集中进行装卸作业，通常用于发货点集中、卸货点分散，或卸货点集中、发货点分散的运输网络。

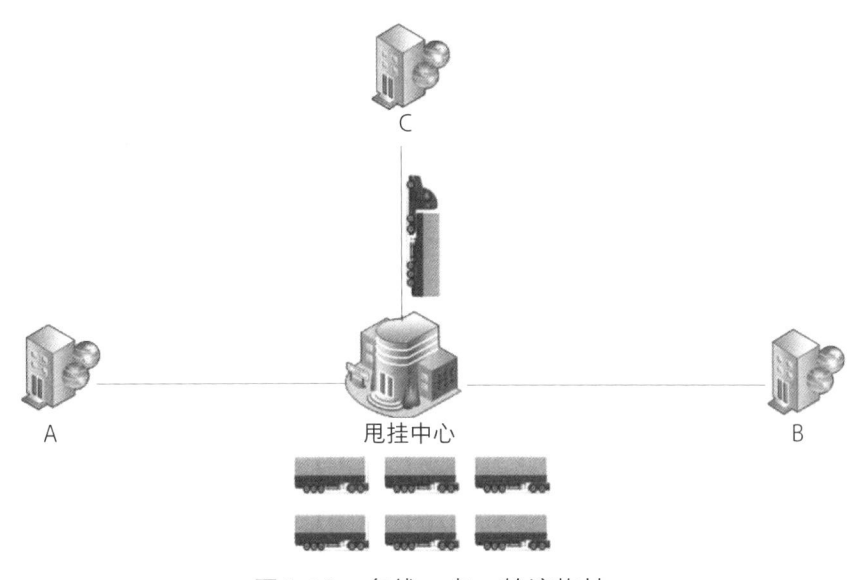

图6-19 多线一点,轮流拖挂

五、网络货运作业

1. 网络货运的发展

2013年5月,《交通运输部关于交通运输推进物流业健康发展的指导意见》中提到了"无车承运人"一词,强调了无车承运人在物流资源里的作用,并且推进其向现代物流服务商转变。2018年4月,印发《交通运输部办公厅关于深入推进无车承运人试点工作的通知》。2019年5月,交通运输部等部门《关于加快道路货运行业转型升级促进高质量发展意见的通知》中提到"加快制定出台网络平台道路货物运输经营管理办法",规范"互联网+"物流新业态发展。2020年1月1日,《网络平台道路货物运输经营管理暂行办法》正式实施,有效期至2025年12月31日,申请经营范围为"网络货运"的道路运输经营许可。

从"无车承运人"到"网络货运"的发展历程如图6-20所示。

随着物流大数据、人工智能等技术的应用,网络货运作业变得更加智能化和个性化。通过数据分析和算法优化,货运公司可以更好地预测货物的需求量、优化运输路线、提高运输效率;而用户也可以根据自己的需求选择不同的运输方式、时效和价格,实现个性化定制。

2. 网络货运的概念

网络货运是指通过互联网平台进行的货物运输活动,是经营者依托互联网平台整合配置运输资源,以承运人身份与托运人签订运输合同,委托实际承运人完成道路货物运输,承担承运人责任的道路货物运输经营活动(见图6-21)。网络货运经营不包括仅为托运人和实际承运人提供信息中介和交易撮合等服务的行为。实际承运人是指接受网络货运经营者委托,使用符合条件的载货汽车和驾驶员,实际从事道路货物运输的经营者。这种作业方式主要依赖互联网技术,将传统的货运业务进行线上化、数字化处理,实现货运信息的实时共享和高效匹配,提高货物运输的效率和便捷性。在网络货运作业中,货主可以通过网络平台发布货源信息,运输公司或个人则可以通过平台接受货源,并进行在线竞价或协商定价。一旦达成协议,双方可以签订电子合同,并通过平台完成支付和结算。同时,网络货运平台还可以提供物流追踪、信息查询、数据分析等增值服务,帮助货主和运输公司更好地掌握货物运输的情况,优化运输方案,提高运输效率。

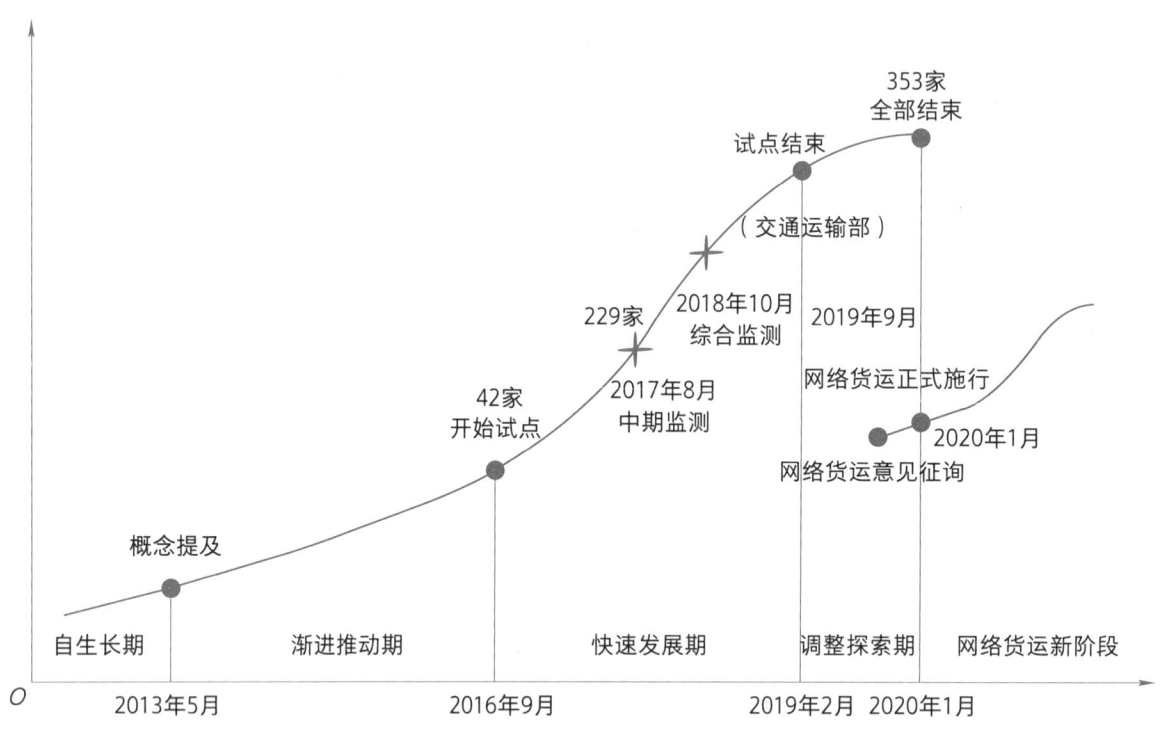

图6-20 网络货运的发展历程

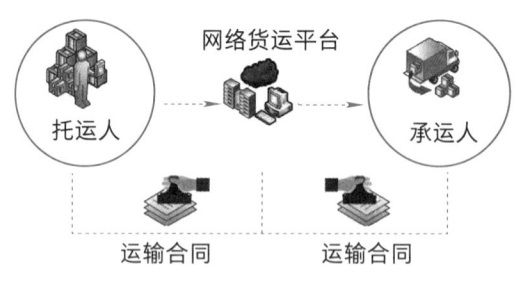

图6-21 网络货运

3. 网络货运平台业务模式

(1)直接指派模式。直接指派模式是指网络货运平台通过在线平台将货物直接指派给货车驾驶员,从而实现货物的快速运输和高效配送的一种模式。平台在指派的过程中综合考虑车辆信息、驾驶员信息、道路信息、历史相似运单记录、预计返程计划、周边货源计划等数据信息,并将此与货主托运单时间、线路、货品、装卸要求等进行大数据匹配,通过规模化、组织化的数字物流运作方式,将货源直接精准推荐给最为合适的承运人。这种模式简化了货运流程，充分利用承运人返程运力资源，提高了货运效率，提升车辆运行效率，降低客户成本。

（2）轮候调车模式。轮候调车模式是指在网络货运平台上，货车驾驶员通过在线平台进行车辆调度和接受订单的一种模式。这种模式的出现，使货主可以直接在平台上发布货物信息，承运人可以根据自己的行程和空闲时间选择接单，大大简化了整个货运流程，提高了承运人的工作效率，也为货主提供了更加便捷的货运服务。但该模式目前也存在一些问题。比如，平台上存在一些虚假信息和低价竞争，从而影响到承运人的收益和服务质量；有时一些地区的货运需求过于集中，导致承运人在某些时段难以接到订单等。

（3）定价匹配模式。定价匹配模式是指网络货运平台通过对货运需求和供应进行精准匹配，从而确定最佳价格的一种模式。货主在网络货运平台发布货源信息、价格要求、车辆需求等信息，货运平台根据货主的货运条件，初步筛选较为匹配的实际承运人，并将货主的要求推送至相关实际承运人，通过定价匹配模式来确保双方利益最大化，且定价匹配模式要满足时间优先规则。

（4）竞价匹配模式。竞价匹配模式是指网络货运平台通过竞价的方式让货主与承运人进行匹配，从而实现货物快速、高效运输的一种模式。该模式的优势在于可以让货主与承运人在价格、服务等方面进行公平竞争，从而获得最优运输方案。货主可以通过平台发布货物信息，根据承运人的报价选择合适的运输方案，实现货物的及时送达；而承运人也可以通过竞价模式获得更多的订单，提高运输效率和盈利能力。

在竞价匹配模式下，网络货运平台的竞价匹配流程具体如下：

1）货主在网络货运平台上的竞价业务模块申请进行运单的竞价匹配，并发布相关货源信息。

2）基于承运人与货主双方的要求，平台运用多目标匹配度指标完成单边多目标综合评价匹配，生成承运人的优先排序，向承运人发出竞价邀请，承运人收到竞价邀请信息后，在平台进行竞价。

3）平台为发出竞单需求的货主提供一定数量的、经过平台筛选匹配和抢单竞价成功的承运人，由货主从中挑选完成本次服务的承运人。

4）货主在平台预付运费，产生运单信息；承运人担保货物，在平台缴纳保证金，并在计划时间内到达指定地点完成货物装载，开始承运。平台通过智能交通监控系统对承运人实时监控。

5）货物到达目的地完成验收后，货主在平台上确认收货，平台将自动把货主预付的运费打入承运人账户，完成交易金额结算。

6）货主和承运人双方结算完毕，双方就本次服务进行互评。平台的信誉系统会记录每一单用户双方的评价信息和打分情况。

4. 网络货运作业流程

网络货运作业流程如图6-22所示。

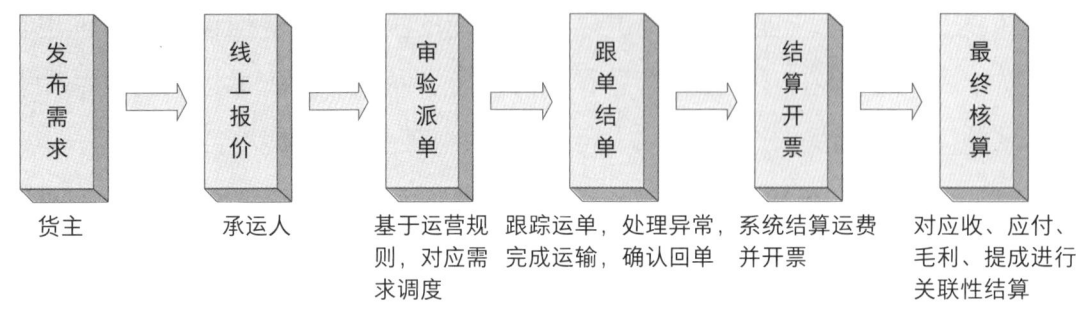

图6-22 网络货运作业流程

（1）发布需求。在网络货运平台上，货主自主发布货源信息，包括货物类型、数量、目的地等信息，供物流公司选择。

（2）线上报价。承运人根据自身情况，通过平台对货主发布的需求进行报价。

（3）审验派单。基于运营规则，对应需求，平台进行相关配置，系统自动派单，或者人工对报价审验确定后进行派单。

（4）跟单结单。通过平台，客服人员实时跟踪运单，同步运单状态，如出现异常，及时处理。完成运输后，确认回单。

（5）结算开票。货物运达后，进行此批货物的运费结算并开具票据。运单过程中如出现异常，需要加款或扣款，可以在系统异常款项里进行处理；出现重大异常时，可以冻结运费。

（6）最终核算。货运作业最终完成后，对应收、应付、毛利、提成进行关联性结算，分时间、分项目、分线路、分人等做各种核算，实现辅助经营。

任务实践活动

请以小组为单位，3~5人一组，按照步骤要求帮助张蓝完成任务。

步骤一：分析任务背景信息，确定此次任务的甩挂运输模式。

请同学们进行小组讨论，根据书中甩挂运输四种组织形式的特点，分析确定甩挂运输的组织形式。

步骤二：完成网络货运作业流程图的填制（见图6-23），并派代表对网络货运作业流程进行阐释。

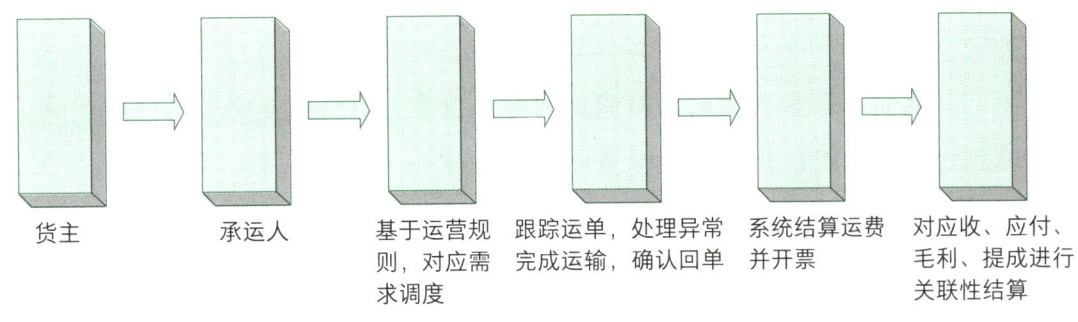

图6-23　网络货运作业流程

任务评价

姓名			学号		专业		
活动名称			甩挂运输与网络货运作业				
考核内容		考核标准	参考分值	学生自评	小组互评	教师评价	考核得分
素养评价	1	具有自主探究的学习能力和沟通协作能力	5				
	2	具有创新意识和良好的职业行为规范	5				
	3	具有家国情怀和民族自豪感	10				
知识评价	4	掌握甩挂运输的特点和适用范围	10				
	5	掌握甩挂运输的四种组织形式	10				
	6	熟悉网络货运平台业务模式	10				
	7	掌握网络货运作业流程	10				
技能评价	8	能根据运输活动要求，选择甩挂运输的组织形式	20				
	9	能根据网络货运作业流程，模拟网络货运作业	20				
		总分	100				

内化与提升

小资料

2024年3月，全国人大代表，江苏省交通运输厅厅长、党组书记兼省铁路办主任吴永宏说："我国拥有全球最大的高速公路网、高速铁路网，以及众多的港口、机场等交通基础设施，这些基础设施可以承载的清洁能源开发潜力巨大。因此，我今年提出加快推进交通与能源融合发展的建议。"《交通强国建设纲要》提出，要加速交通基础设施网、运输服务网、能源网与信息网络融合发展；《国家综合立体交通网规划纲要》提出，推进交通基础设施网与能源网融合发展，推进交通基础设施与能源设施统筹布局规划建设，强化交通与能源基础设施共建共享。吴永宏还提出，他关注到网络货运平台存在实际承运人（个体司机）运费发票难以取得等问题。他呼吁国家税务总局将网络平台道路货物运输企业代开增值税专用发票试点工作扩展到所有平台，严格要求各地执行代开运输发票不预征个人所得税政策，并打通业务数据与交通运输、税务、银行等数据全链条，对网络货运平台的管控思路由"以票控税"转变为"以数据控税"，提高税收征管效率。同时，他希望加快网络货运相关立法，进一步明确网络货运平台企业的经营管理主体责任，以及交通运输、公安、市场监管、网信等有关部门的职责边界。

想一想：

1. 你认为我国网络货运平台目前还有哪些方面有待提高和完善？
2. 助力"交通强国"，运输行业还应在哪些方面有所提高？

任务四　绿色物流运输

任务背景

2023年12月25日，天津好盟公司接到总公司的《企业发展规划纲要》文件。文件要求天津好盟公司为适应现代物流行业发展，大力推行绿色物流运输业务。公司经理李琦经充分考虑，将张蓝所在的小组作为绿色物流运输试点经营。张蓝应如何做好绿色物流运输的规划？

学习目标

知识目标

1. 理解绿色物流运输的概念。

2. 熟悉绿色物流运输的产生背景。
3. 掌握绿色物流运输的实施途径。
4. 掌握绿色物流运输作业内容。

能力目标

能够根据企业要求，规划绿色物流运输作业。

素养目标

1. 培养家国情怀，树立民族自豪感。
2. 培养自主探究的学习能力和沟通协作的团队精神。
3. 培养创新意识和良好的职业行为规范。

知识储备

一、绿色物流运输的概念

GB/T 18354—2021《物流术语》对绿色物流的定义为"通过充分利用物流资源、采用先进的物流技术，合理规划和实施运输、储存、装卸、搬运、包装、流通加工、配送、信息处理等物流活动，降低物流活动对环境影响的过程"。

绿色物流运输是指在物流运输过程中采取环保、节能、减排等措施，降低物流活动对环境的影响，实现经济、社会和环境的协调发展，并提高物流运输效率和可持续性的运输方式。

二、绿色物流运输的产生背景

1. 环境压力增加

随着全球经济的快速增长和城市化进程加速推进，传统的物流运输模式带来了严重的环境问题，如空气污染、水污染、土地资源浪费等，导致环境压力不断增加。

2. 气候变化

随着全球气候变化的加剧，各国政府和国际组织越来越重视减少温室气体排放，以应对全球变暖问题。物流运输行业作为能源消耗和碳排放的重要来源，需要采取措施，减少对环境的影响。

3. 能源资源紧张

能源资源的有限性和对可持续利用的需求促使物流运输行业寻求更高效的资源利用方

式。通过绿色物流运输，企业可以减少资源浪费，提高资源的循环利用率。

4．政府政策推动

我国政府在"十四五"规划中明确提出了加快绿色低碳发展的目标，并通过政策引导和支持，推动物流行业向绿色低碳转型。为推动绿色物流运输的发展，各国政府和国际组织纷纷出台了促进可持续发展和环境保护的相关政策和法规，鼓励企业采取绿色物流运输方式，减少碳排放和环境污染。例如，通过提供财政补贴、税收优惠等政策，鼓励企业采用清洁能源车辆和环保型运输方式。同时，政府还加强了对物流运输业的监管，严格限制高污染、高能耗的运输方式，推动行业向绿色化、智能化方向发展。

5．可持续发展理念意识提升

随着人们环保意识的提高，越来越多的消费者对企业的环保和社会责任要求提高，他们更愿意选择那些采用绿色物流运输的企业来为自己服务。在这一背景下，物流运输业开始向绿色、低碳、环保的方向发展。

6．技术创新与应用

随着技术革新，越来越多的绿色物流运输技术得到了广泛应用和推广。例如，新能源汽车、智能交通系统、物联网技术、大数据分析等技术的应用，不仅提高了物流运输的效率和可靠性，还大大降低了绿色物流运输的成本和风险，减少了能源消耗和污染排放。

三、绿色物流运输的实施途径

（1）多式联运：通过优化运输线路选择，合理搭配各种运输方式，实现运输一体化，降低能源浪费和环境污染。

（2）共同配送：多个企业联合组织实施的配送活动，提高配送车辆利用率，减少交错运输，缓解交通压力，保护环境。

（3）绿色包装：使用环保、可降解的包装材料，减少过度包装和二次包装，实现运输包装的智能化、减量化、再利用和循环共用。

（4）新能源和清洁能源运输装备：推广使用新能源车辆，如电动物流运输车辆、LNG（液化天然气）/GNG（压缩天然气）等新能源物流运输车辆，以及加快沿海和内河船舶新能源和清洁能源应用。

（5）科技赋能：利用大数据、云计算等信息技术，优化物流路径和时段，减少空驶和迂回运输，提升物流配送效率。

（6）绿色基础设施建设：建设绿色公路、绿色航道、绿色港口，推广应用节能型建筑养护装备、材料及施工工艺工法。

（7）优化交通运输结构：加快专业化、规模化内河港口和航道建设，形成江海直达、江海联运的物流体系，推进大宗货物主要采用铁路、水路等绿色运输方式。

（8）人才培养与技术创新：重视人才培养，鼓励技术创新，改革创新奖励制度，提供培养机会，促进员工进行绿色物流运输的相关创新。

四、绿色物流运输作业内容

随着全球经济的快速发展和人们环保意识的增强，绿色物流运输作业已成为当今物流行业的重要发展方向。绿色物流运输作业通过在物流运输过程中采取环保、节能、减排等措施，降低对环境的影响，提高运输效率，实现经济、社会和环境的和谐发展。

1. 绿色运输计划的制订

在制订运输计划时，企业需要综合考虑环保要求和运输需求，确保在满足运输效率的前提下，尽可能减少运输环节对环境的影响。具体而言，企业可以通过优化运输路线、选择环保车辆、提高装载率等措施来实现绿色运输。

2. 环保运输车辆的选择

选择合适的环保运输车辆是实现绿色物流运输的关键。环保运输车辆可以减少对环境的污染，降低碳排放，保护生态环境。在选择环保运输车辆时，应考虑车辆的燃料类型、排放标准、能效等因素，同时需要考虑车辆的使用寿命和维修保养费用。例如，可以选择使用新能源汽车，如电动货运汽车（见图6-24a）、氢燃料电池汽车（见图6-24b）等，以减少尾气排放。

a）电动货运汽车　　　　　　　　b）氢燃料电池汽车

图6-24　新能源汽车

3. 运输路径的优化

运输路径的优化可以通过使用先进的技术和算法来实现。例如，利用GIS（地理信息系统）可以帮助企业实时监控运输车辆的位置，从而及时调整运输路径。另外，利用数据分析和人工智能技术可以帮助企业预测交通状况，选择最佳运输路径，缩短运输时间，提高运输效率。同时，优化运输路径还可以减少碳排放，降低环境污染。因此，对于企业来说，优化运输路径不仅可以提高竞争力，还可以实现可持续发展。

4. 绿色运输包装的使用

绿色运输包装是指对环境友好的包装材料，如可降解材料或可循环利用的材料。使用绿色运输包装不仅有助于减少对环境的影响，还可以提升企业的形象和声誉。在使用绿色运输包装时，需要考虑包装的强度和安全性，确保货物在运输过程中免受损坏。例如，可以选择使用可回收利用的纸质包装材料、木质包装材料等包装材料（见图6-25），减少塑料等一次性包装材料的使用。

图6-25　蜂窝纸板箱和可折叠木质包装箱

5. 节能减排技术的应用

节能减排技术的应用不仅可以减少能源消耗和排放，还可以降低运营成本、提高运输效率。运输节能减排技术包括但不限于车辆动力系统优化、车辆轻量化设计、节能驾驶培训、智能交通管理系统等。例如，通过优化车辆动力系统，提高燃油利用率，减少废气排放；通过轻量化设计，降低车辆自重，减少能源消耗；通过节能驾驶培训，提高驾驶员的驾驶技术，减少燃油浪费；通过智能交通管理系统，优化交通流，减少拥堵，减少排放。同时，还可以在物流园区内安装太阳能电池板，为园区提供清洁能源，从而实现可持续发展的目标。

6. 废弃物的回收

在运输过程中，废弃物的回收是一项重要的环保措施。回收废弃物可以减少对环境的污染，节约资源的利用，并降低运输成本。例如，使用环保轮胎、废旧物资的再生利用等。

7. 运输过程监控与调度

运输过程监控与调度系统可以帮助物流运输公司实时跟踪货物的位置和状态，及时发现和解决运输过程中可能出现的问题。例如，可以利用物联网技术对车辆进行实时监控，确保车辆行驶安全、准时到达目的地。

8. 绿色运输绩效评估

建立绿色运输绩效评估体系，对运输作业的效果进行评估和奖惩，激励运输作业绿色化。例如，可以设定碳排放量、能源消耗量、废弃物回收率等指标，对绿色运输作业进行评估和奖惩，从而更好地指导运输企业改善运营方式，减少对环境的负面影响，实现可持续发展的目标。

任务实践活动

请以小组为单位，3～5人一组，按照步骤要求帮助张蓝完成任务。

步骤一：思考讨论任务任务背景中的问题，帮助张蓝完成一份该企业的"绿色物流运输运营规划书"。

步骤二：依据小组完成的"绿色物流运输运营规划书"，制作汇报PPT，并派代表汇报展示。

任务评价

姓名			学号		专业		
活动名称			绿色物流运输				
考核内容		考核标准	参考分值	学生自评	小组互评	教师评价	考核得分
素养评价	1	具有良好的沟通能力和团队合作精神	5				
	2	具有自主探究的学习能力	5				
	3	具有创新意识和良好的职业行为规范	10				
知识评价	4	理解绿色物流运输的概念	10				
	5	熟悉绿色物流运输的产生背景	10				
	6	掌握绿色物流运输的实施途径	10				
	7	掌握绿色物流运输作业内容	10				
技能评价	8	根据企业要求，规划绿色物流运输作业	40				
		总分	100				

内化与提升

通过观看《如何进行车辆油耗管理》视频，想一想还有哪些方式可以更好地实现绿色物流运输。

如何进行车辆油耗管理

> **小资料**
>
> ### 交通运输绿色转型提升助力美丽中国建设
>
> 2023年12月27日《中共中央 国务院关于全面推进美丽中国建设的意见》（简称《意见》）指出："党的十八大以来，以习近平同志为核心的党中央把生态文明建设摆在全局工作的突出位置，全方位、全地域、全过程加强生态环境保护，实现了由重点整治到系统治理、由被动应对到主动作为、由全球环境治理参与者到引领者、由实践探索到科学理论指导的重大转变，美丽中国建设迈出重大步伐。"
>
> 《意见》要求，统筹产业结构调整、污染治理、生态保护、应对气候变化，协同推进降碳、减污、扩绿、增长，加快能源、工业、交通运输、城乡建设、农业等领域绿色低碳转型，加快形成以实现人与自然和谐共生现代化为导向的美丽中国建设新格局。
>
> 《意见》强调，大力推进"公转铁""公转水"，加快铁路专用线建设，提升大宗货物清洁化运输水平。推进铁路场站、民用机场、港口码头、物流园区等绿色化改造和铁路电气化改造，推动超低和近零排放车辆规模化应用、非道路移动机械清洁低碳应用。到2027年，新增汽车中新能源汽车占比力争达到45%，老旧内燃机车基本淘汰，港口集装箱铁水联运量保持较快增长；到2035年，铁路货运周转量占总周转量比例达到25%左右。
>
> 《意见》要求，建立绿色制造体系和服务体系，开展资源综合利用提质增效行动；加快构建废弃物循环利用体系，促进废旧风机叶片、光伏组件、动力电池、快递包装等废弃物循环利用；限制商品过度包装；鼓励自由贸易试验区绿色创新；支持美丽中国建设规划政策等实践创新；鼓励绿色出行，推进城市绿道网络建设，深入实施城市公共交通优先发展战略。
>
> **想一想**：我国绿色物流运输业应如何助力交通运输绿色转型升级，建设美丽中国？

巩固提高

一、单项选择题

1. 特种运输是指运输过程中需要（　　）的货物运输方式。

   A. 装载超大件货物　　　　　　　　B. 采取特殊措施或使用特殊设备

   C. 装载高风险品货物　　　　　　　D. 装载高价值货物

2. 大件货物运输是整件货物长度在6m以上、宽度超过2.5m、高度超过2.7m的长大货物和货物单件重量在（　　）的笨重货物的运输。

　　A. 5t　　　　　　B. 6t　　　　　　C. 4t（不含4t）　　D. 4.5t

3. 多式联运是指货物由一种运载单元装载，通过（　　）运输方式连续运输，并进行相关运输物流辅助作业的运输活动。

　　A. 两种或两种以上　　　　　　B. 铁路
　　C. 公路　　　　　　　　　　　D. 水路

4. 多式联运是不同方式的综合组织，全程运输均是由（　　）组织完成的。

　　A. 国际货运代理　　　　　　　B. 场站经营人
　　C. 多式联运经营人　　　　　　D. 仓储经营人

5. （　　）是指用牵引车拖带挂车至物流节点，将挂车甩下后，牵引另一挂车继续作业的运输组织方式。

　　A. 公路运输　　　　　　　　　B. 铁路运输
　　C. 集装箱运输　　　　　　　　D. 甩挂运输

6. （　　）甩挂运输适用于往复式运输线路，牵引车往返于两个装卸作业点之间，在线路两端根据实际条件在一端甩挂或在两端同时甩挂。

　　A. 一线两点　　　　　　　　　B. 循环甩挂
　　C. 一线多点　　　　　　　　　D. 多线一点

7. 网络货运是从事网络平台道路货物运输的简称，是指经营者依托（　　）整合配置运输资源，以承运人身份与托运人签订运输合同，委托实际承运人完成道路货物运输，承担承运人责任的道路货物运输经营活动。

　　A. 承运商　　B. 互联网平台　　C. 物流企业　　　D. 承运人

8. （　　）通过竞价的方式让货主和承运人进行匹配，从而实现货物的快速、高效运输。

　　A. 轮候调车模式　　　　　　　B. 定价匹配模式
　　C. 竞价匹配模式　　　　　　　D. 直接指派模式

二、多项选择题

1. 危险货物运输的特点有（　　）。

　　A. 品类繁多　　　　　　　　　B. 危险性大
　　C. 运输管理的规章制度多　　　D. 专业性强

2. 鲜活易腐货物运输的特点有（　　　　）。
   A. 品类多、运距长、组织工作复杂
   B. 季节性强、运量波动大
   C. 运输时间紧迫
   D. 易受外界气温、湿度和卫生条件的影响

3. 多式联运经营人既可能由不拥有任何运输工具的（　　　　）担任，也可能由从事某一区段的实际承运人担任。
   A. 国际货运代理　　　　　　　　B. 场站经营人
   C. 实际承运人　　　　　　　　　D. 仓储经营人

4. 出口报关事宜一般由发货人或其代理人办理，也可委托多式联运经营人代为办理。报关时应提供（　　　）等有关单据和文件。
   A. 场站收据　　　　　　　　　　B. 装箱单
   C. 出口许可证　　　　　　　　　D. 多式联运合同

5. 集装箱运输工作组织，可以分为（　　　　）。
   A. 发送作业　　B. 到达作业　　C. 中转作业　　D. 交付作业

6. "多线一点，轮流拖挂"通常用于（　　　　）的运输网络。
   A. 发货点集中、卸货点分散　　　B. 发货点集中、卸货点集中
   C. 卸货点集中、发货点分散　　　D. 发货点分散、卸货点分散

7. 网络货运平台业务模式有（　　　　）。
   A. 直接指派模式　　　　　　　　B. 轮候调车模式
   C. 定价匹配模式　　　　　　　　D. 竞价匹配模式

三、判断题

1. 危险货物品种繁多、性质复杂，要求运输保管条件不一。　　　　　　　　（　　）
2. 危险货物是指具有爆炸、易燃、毒害、感染、腐蚀等危险特性，在生产、经营、运输、储存、使用和处置中，容易造成人身伤亡、财产损毁或者环境污染而需要特别防护的物质和物品。　　　　　　　　　　　　　　　　　　　　　　　　（　　）
3. 最早的多式联运是铁路与水路相结合的运输方式，通常称作驮背运输服务。
　　　　　　　　　　　　　　　　　　　　　　　　　　　　　　　　　　（　　）
4. 装运长大、笨重货物时，只考虑它们合理装载的技术条件即可。　　　　（　　）
5. 运输鲜活易腐货物的过程中应保持一定的温度、湿度。　　　　　　　　（　　）
6. 贵重物品运输对驾驶员素质要求不高。　　　　　　　　　　　　　　　（　　）

7. 把不同的运输方式综合起来的运输服务称作"一站式"运输。（   ）

8. 集装箱运输根据集装箱数量和方式，可以分为整箱和拼箱两种。（   ）

9. 甩挂运输的适用范围主要取决于货物的尺寸、重量和形状。（   ）

10. 网络货运平台不可以提供物流追踪、信息查询、数据分析等增值服务。

（   ）

11. 轮候调车模式是指在货运平台上，货车驾驶员可以通过在线平台进行车辆调度和订单接收的一种模式。（   ）

12. 我国政府在"十四五"规划中明确提出了加快绿色低碳发展的目标，并通过政策引导和支持，推动物流行业向绿色低碳转型。（   ）

四、问答题

1. 简要说明鲜活易腐货物的运输要求。
2. 集装箱运输的特点是什么？
3. 甩挂运输的特点是什么？
4. 甩挂运输的组织形式有哪些？
5. 绿色物流运输的产生背景是什么？
6. 绿色物流运输的实施途径有哪些？

参考文献

[1] 王爱霞. 物流运输实务[M]. 北京：机械工业出版社，2019.

[2] 贾铁刚. 运输实务[M]. 北京：电子工业出版社，2021.

[3] 张晋虎. 运输作业实务[M]. 北京：北京交通大学出版社，2017.

[4] 彭秀兰. 道路运输管理实务[M]. 3版. 北京：机械工业出版社，2020.

[5] 北京中物联物流采购培训中心. 物流管理职业技能等级认证教材：初级[M]. 2版. 南京：江苏凤凰教育出版社，2021.

[6] 方芳. 运输作业实务[M]. 北京：中国人民大学出版社，2016.

[7] 朱颢. 运输管理实务[M]. 北京：机械工业出版社，2016.

[8] 毕丽丽，孙明燕. 公路货物运输实务[M]. 北京：中国财富出版社有限公司，2023.